改变孩子先改变自己

漫画版

李敏妍 著
墨鱼文化 绘

群言出版社
QUNYAN PRESS

图书在版编目（CIP）数据

改变孩子先改变自己 / 李敏妍著；墨鱼文化绘．
北京：群言出版社，2025. 1. -- ISBN 978-7-5193
-1040-0

Ⅰ. G78

中国国家版本馆 CIP 数据核字第 2025CW7691 号

责任编辑： 周连杰
封面设计： 陈保全

出版发行： 群言出版社
地　　址： 北京市东城区东厂胡同北巷 1 号（100006）
网　　址： www.qypublish.com（官网书城）
电子信箱： qunyancbs@126.com
联系电话： 010-65267783　65263836
法律顾问： 北京法政安邦律师事务所
经　　销： 全国新华书店

印　　刷： 三河市京兰印务有限公司
版　　次： 2025 年 1 月第 1 版
印　　次： 2025 年 1 月第 1 次印刷
开　　本： 880mm × 1230mm　1/32
印　　张： 6
字　　数： 77 千字
书　　号： ISBN 978-7-5193-1040-0
定　　价： 59.80 元

前言

在现实生活中，一旦一个孩子表现出不好的一面，人们就会说“这是谁家的孩子啊？怎么这么没有家教”“真是上梁不正下梁歪”“子不孝父之过”这类话。然而，你可曾听到有人说“这孩子这么淘气，是哪个老师教出来的”等诸如此类的说辞？

为什么会这样？因为人们普遍认为：孩子之所以会出问题，是因为他的家庭教育存在问题。

确实如此，父母的家庭教育对孩子的一言一行起着举足轻重的作用。在家庭中，父母的言行举止、习惯秉性都会对孩子产生潜移默化的影响。

换言之，每一个有问题的孩子，其背后不一定存在有问题的父母；但有问题的父母，其家庭中却很有可能会有有问题的孩子。父母在家庭中表现出来的坏习惯，都会被孩子看在眼中、记在心中，然后孩子就会在未来的某个时间或某件事情中将坏习惯再现出来。

父母在孩子面前表现出来的每一个动作、每一个眼神，说的每一句话都会成为孩子模仿的对象。所以，如果父母想要培养出既有素质又有能力的孩子，就必须先进行自我教育、自我改变。

从哪些方面进行改变呢？这本书从八个方面给出了回答。

第一章，身份改变——告诉父母只有从“父子 / 母子”的关系中脱离出来，才能真正“读懂”孩子。

第二章，观念改变——告诉父母一味地监督，孩子永远不会长大，只有学会适当放手，孩子才能真正成长。

第三章，行为改变——告诉父母榜样的力量是无穷的，比如只有父母说到做到才能让孩子学会诚信。

第四章，言语改变——告诉父母说得再多，孩子听不懂、不愿听也是徒劳，不妨保持安静，倾听孩子的心声。

第五章，思维改变——告诉父母不要一直用自己的思维去揣测孩子的心理，要站在孩子的立场思考问题。

第六章，方式改变——告诉父母不要盲目地将眼光只停留在分数上，要知道培养孩子良好的品格同样重要。

第七章，习惯改变——告诉父母当自己放下手机的那一刻，就是孩子拿起书本的那一刻。

第八章，家庭改变——告诉父母有问题的家庭养育有问题的孩子，要知道最好的教育离不开家庭和睦。

本书语言轻快简洁，更有几十个生活实例，旨在为每一位父母提供真实有效的家庭教育方式。最后，祝愿每一个孩子都能够在父母的悉心教育下健康且快乐地成长。

目录
CONTENTS

第三章

行为改变：从指指点点到以身作则

第四章

言语改变：从只说不听到多听少说

第五章

思维改变：从我想怎样到他想怎样

第六章

方式改变：从注重分数到注重品格

第七章

习惯改变：从“刷手机”到“刷图书”

第八章

家庭改变：从争吵不休到和谐温馨

第一章

身份改变：

从父子/母子到成长伙伴

1.1 只有蹲下身子才能看到孩子眼中的世界

陶行知先生曾说过："我们必须变成小孩子，才配做小孩子的先生。"也就是说，父母作为孩子人生中的第一任教师，自然也不能例外，必须蹲下身子才能看到孩子眼中的世界。那么，当父母蹲下身子后，究竟能看到什么呢？

逛超市时，父母看到的是琳琅满目的商品，可是一旦蹲下身子从孩子的角度去看的话，看到的是大人们或快或慢不断迈动的腿。

在私家车里，父母从车窗看到的是路边的风景，可是一旦蹲下身子从孩子的角度去看的话，就会发现车窗外的景色全都看不到，除非趴在车窗上努力向外看。

孩子洗澡时哭闹不止，父母看到的是孩子的不听话，可是一旦蹲下身子询问原因，就会发现孩子哭闹是因为水温过高，或是泡沫进入了眼睛和鼻子。

……

父母只有蹲下身子，才能真正走进孩子的内心世界。父母蹲下的不只是身子，更是观念与态度的“放低”。只有父母与孩子保持在一个水平线上，真正了解孩子的思想，用孩子的眼光去看世间万物，才会明白孩子为什么快乐，又为什么难过。

试想一下，如果你的孩子顶着一张脏兮兮的小脸，举着刚画完的画兴高采烈地来向你展示的时候，你却从成人的角度来看待这幅画，并批评道：“你这画得都是什么啊？一点都不漂亮……再看看你的衣服还有脸，怎么弄得脏兮兮的！”此时，孩子肯定会非常沮丧。

可是，如果你蹲下身子，接过孩子手中的画仔细端详一番，并佯装看不懂的样子说道：“你这是画得什么呢？”孩子或许会着急，或许会坏坏一笑，然后用稚嫩的语言向你介绍他的得意之作。此时，你在惊讶孩子的想象力如此丰富之余，再告诉孩子“你真棒，不过下次画画的时候，可不能再弄得这么脏喽”，孩子就会愉快地接受你的建议，并继续进行绘画创作。

孩子眼中的世界与父母眼中的世界就像两条不断向外延伸的平行线，父母与孩子看到的是两个不同的世界，父母想要明白孩子的所需、知晓孩子的所想、听懂孩子的所说、了解孩子的兴趣就要蹲下身子。

父母蹲下身子与孩子进行交谈，孩子会感到自己受到了尊重、自我价值得到了肯定。这在无形中会增强孩子的自信心，让孩子在做事情的时候不再畏首畏尾，因为孩子明白，即使自己做错了事情，爸爸妈妈也不会怪自己，而是会迅速纠正自己的行为。

这在无形中拉近了父母和孩子的心灵距离，能够让孩子更容易打开心扉，更愿意和父母推心置腹地进行交谈。然而，生活中很多父母却经常用“居高临下”的姿态看待孩子，并用成人的标准要求孩子。希希的妈妈便是如此。

一天，希希的妈妈带着希希下楼玩耍。不知不觉间就到了中午十二点，希希的妈妈便催促希希赶紧回家。希希非常不情愿地跟着妈妈往家走，走着走着却被草丛里的东西吸引住了，只听她说了一声：“妈妈，你等我一下，我马上回来。”接着，希希便悄悄地向草丛靠近。

着急回家的希希妈妈看到希希磨磨蹭蹭的样子，心里的火一下子燃了起来，厉声说道：“你快点，都十二点了，回家还得做饭呢！”希希像是没有听到妈妈说话一般，高兴地对妈妈说道：“妈妈，你快过来看，你快过来啊！”

希希妈妈吼道：“看什么看？我和你说话呢，你没听见吗？快点！回家了！”希希看了一眼妈妈，又将视线落在草丛里。希希妈妈彻底怒了，喊道：“我回家了，你不回家，你就在这里待着，找不到妈妈你别哭！”希希看着妈妈生气的脸，终于起身，一脸不高兴地低着头跟着妈妈回家了。中午吃饭的时候，希希仍是一脸不高兴的样子，睡午觉的时候情绪依然很低落。

这样的事情还有很多，希希的妈妈每次都会斥责孩子，认为孩子拖拖拉拉、不听话，所以本来应该是一件愉快或者值得纪念的事情，最后往往以不欢而散告终。

后来，希希妈妈和好朋友的一次对话，让她改变了与孩子交流的态度。

那天，希希妈妈去朋友家拿东西，她发现朋友在和孩子对话时，都会先蹲下身子再和孩子说话。

希希妈妈好奇地问道："在和孩子说话时，你为什么总是蹲下身子，不累吗？"朋友回答："一点也不累啊。"

希希妈妈笑了一下，反问道："真的不累吗？我看你每次起身的时候都很费劲。"朋友一脸幸福地看着自己的女儿说："即便真的有点累我也愿意，因为只有我蹲下来才能看到孩子眼中的世界。"

在回家的路上，希希妈妈的脑海里一直不断回放着那句话"只有我蹲下来才能看到孩子眼中的世界"。希希妈妈恍然大悟，从此开始改变了自己对希希的说话态度。

例如，虽然着急回家，但是当孩子好奇地蹲在草丛边目不转睛地看着什么的时候，希希妈妈不再催促，而是走到希希旁边，陪希希一起蹲在草丛边并往草丛里看，然后好奇地问希希："你在看什么啊？"此时希希就会叙述她的发现，然后兴奋地拉住妈妈的手，眉飞色舞地说着她的感受。希希妈妈会认真地听着，时不时地发出"是吗""原来是这样啊""你真棒"的感叹。而希希也会回以"是啊""对啊""我是个棒宝宝"这样的回答。

这时，希希妈妈再说："那以后你再发现好玩、有趣的事情也和妈妈说好不好？不过现在已经很晚了，我们需要先回家，好不好？"希希会开心地说："好。"然后希希拉住妈妈的手，主动向家走去。

瑞士教育家裴斯泰洛齐曾经说过这样一句话："父母蹲下来和孩子说话，不但拉近了与孩子的物理距离，更拉近了与孩子的心理距离。它体现了父母对孩子民主、平等的态度和对孩子的尊重，从而使孩子更愿意听从父母的教诲，接受父母的忠告。"

所以，当作为父母的你总是呵斥孩子"你怎么那么不懂事"，当孩子总是抱怨"为什么你就是不理解我"的时候，身为父母的你不妨先反省一下自己的教育方式——你有没有"蹲下身子"和孩子说话。

一个简单的"蹲下来"的动作能拉近父母与孩子之间的距离，而这样的家庭教育才是既有温度又有力量的教育。

1.2 平等身份更容易听到心声

姜宇的爸爸："儿子，过几天的期末考试必须全部考 100 分！"姜宇："爸爸，那您这个月必须把烟戒了。"姜宇的爸爸："大人抽烟，小孩子别管，你只管好好学习。"

姜宇的爸爸："儿子，把手机放下，一天天就知道玩手机！"姜宇："那爸爸您能不能别总是玩手机，陪我玩会儿呢？"姜宇的爸爸："都这么大了，自己不能玩吗？"

姜宇的爸爸："儿子，你已经满嘴的坏牙了，还吃糖，把糖放下！"姜宇："那您能别每天熬夜打游戏吗？头发都快秃了。"姜宇的爸爸："我打游戏是为了缓解压力，你一个小孩子不懂。"

……

这就是很多父母与孩子之间关系的现状：父母说的话是命令，孩子必须听；孩子说的话是反抗，彰显着叛逆。为什么父母不能将孩子视为一个独立的个体平等对待呢？为什么父母不能与孩子"一般见识"呢？难道父母只有将自己摆在高高在上的位置，才能教育出一个优秀的孩子？

并不是。可能有些父母会反驳："一个几岁的孩子什么也不懂，我不管孩子谁管”“我走过的桥比孩子走过的路都多，我的话孩子必须要听”“我是大人，他是孩子，怎么可能平等”……然而，当你以命令式的语气教育孩子时，孩子真的接受了吗？孩子即使接受了，大多也只是左耳朵进右耳朵出或者表面接受心里却一万个不服。

父母与孩子之间关系的好坏直接影响着孩子今后的发展。姜宇的爸爸和姜宇的相处模式值得所有父母深思。姜宇的爸爸和姜宇的关系，与其说是父子关系，不如说是上级和下级之间的关系。姜宇的爸爸过于强调的是自己的观点与尊严，忽视了孩子的观点和想法。在姜宇的爸爸的观念里，父母的观点是对的，孩子的想法都是不成熟的。

可是，姜宇的爸爸这样做的后果是什么？他的观点不仅得不到孩子的认同，还引起了孩子的反感，进而掉进一个“父母说的话孩子听不到，孩子想说的话说不出口”的交流怪圈。而这个怪圈一旦形成，造成的后果可能是无法挽回的。

如何避免这个怪圈出现呢？如何做到“父母说的话孩子铭记于心，孩子的心声能被父母听到”？诚如美国家庭教育专家史蒂文所言：“成功的家庭教育，是家长舍得拿出时间与孩子在一起，以一种平等的态度与孩子交流，对孩子正确的想法和行为给予充分的肯定。”也正如鲁迅所言：“对于子女，义务思想须加多，而权利思想却大可切实核减，以准备改作幼者本位的道德。”长者须是指导者、协商者，却不该是命令者。换言之，只有父母和孩子的身份平等，父母才能更容易听到孩子的心声。

一天，乐乐放学回家后在院子里踢足球，不小心把窗台上的小猫塑料玩偶踢到了一个很偏僻的角落，尽管乐乐很努力地想要把它拿出来，可是还是拿不出来。乐乐很慌张，为了掩盖闯下的“弥天大祸”，找了另一个玩偶放在了原来的位置。

其实，乐乐的一系列动作都被妈妈看在了眼里。但是乐乐的妈妈没有立刻冲进院子斥责他，而是和乐乐来了一次平等的对话。

乐乐的妈妈一走进院子，就故作惊奇地说：“咦，我怎么感觉窗台上不对劲呢？”乐乐害怕受到惩罚，故作镇定地说：“没有啊妈妈，你看错了。”

乐乐的妈妈很清楚，乐乐在撒谎，却没有立刻揭穿，而是继续说道：“你仔细看看，真的没有吗？”乐乐此时显然有些慌张，说话声音明显变小了：“妈妈，我看得很仔细，真的没有不对劲。”

妈妈拉住乐乐的手，语重心长地说道：“你做错事情妈妈不怪你。你现在是大孩子了，就算做错了事情，只要勇敢承认，妈妈便会原谅你。”

看着乐乐欲言又止的样子，妈妈继续说：“妈妈不怕你做错事情，就怕你做错了事情，还逃避责任和撒谎。妈妈希望你以后做一个有担当的男子汉。”听到这里，乐乐带着哭腔说道：“妈妈，对不起，我撒谎了，我以后再也不会这样了。”

之后的日子，乐乐虽然还是会做错事情、会闯祸，但是他再也没有撒过一次谎，也没有再逃避过一次责任。

身为父母，常常会对孩子说的一句话就是：“在父母眼中，不管你长多大，你永远是孩子。”

这句话听起来很浪漫，但是放在现实中却十分可怕。如果父母无视孩子的成长，永远把子女当作小孩子来看待，那么父母与孩子之间将很难产生平等的对话。所以，为了听到孩子的心声，请各位父母改变一下思维，放下家长的架子，把孩子当作一个独立的个体，以平等的心态对待孩子，因为只有这样你才能和孩子有平等对话的机会，才能听到孩子的心声。

1.3 有效教育的第一步：填平代沟

代沟指的是由于价值观念、思维方式、行为模式、道德标准的不同造成两代人在思想观念、行为习惯等方面产生差异。确实，随着孩子的不断成长，他们的思想观念、行为习惯、兴趣爱好等逐渐带有自己的特点，这些特点大部分会与其父母的特点存在差异，甚至与其父母的特点完全相反。于是矛盾暴露，日渐激化，最终产生了代沟——父母总是觉得孩子不懂事，总是做一些让父母担心的事情；孩子觉得父母刻板不会变通，总是理解不了自己的所言所行。

代沟难道不可以填平吗？如果可以的话，用什么填平呢？

女儿遇到不会做的习题，曾经捧着课本寻求爸爸的帮助，可是爸爸在抱着手机打游戏，瞄两眼习题敷衍地说一两句就不管了。久而久之，女儿便不再“打扰”爸爸玩手机。

孩子想和父母沟通，他们一次次找父母交流，可是父母却因为各种各样的事情拒绝沟通。然而，一旦孩子出现差错，或者做出出格的事情，父母又反过来责怪孩子。长此以往，孩子便不会对父母敞开心扉。

要想填平代沟，父母就应该经常和孩子沟通。一个出生不久的婴儿都知道沟通——用哭的方式：有的人抱他，他会“哇哇”大哭；有的人抱他，他会“咯咯”大笑。婴儿都知道通过沟通表达意愿，何况几岁、十几岁的孩子呢？所以，父母想要知道孩子心中的想法、意愿，最有效的方式就是沟通，用心去交流，用心去体会孩子的意愿。

在沟通中，你会惊奇地发现，你和孩子之间的代沟在一点点被填平；也会惊奇地发现，沟通后得到的教育成果超乎想象。

张悦的女儿曼曼上初中二年级，很是听话懂事，学习成绩也一直名列前茅。可是，最近一段时间，张悦敏感地觉察到曼曼有些微妙的变化：学习总是漫不经心，最重要的是曼曼开始注意打扮自己。

张悦心里很着急。为了搞清楚原因，她跟踪曼曼上学，偷看曼曼的日记，最终发现一个男孩子在追求曼曼。

张悦痛心疾首，非常生气地对曼曼说：“你现在这个年纪，应该好好学习，谈什么恋爱啊？”曼曼大声地反驳：“有男孩子喜欢我，我很高兴。这就是我和你之间的代沟！”

张悦大发雷霆，把曼曼一顿数落，可是曼曼不服气，张悦说一句，曼曼顶十句。最终，这场对话在张悦说出那句“你给我回房间好好反省”后结束。

晚上，张悦和老公说起这件事，张悦的老公拍着她的后背，让她消消气。看着张悦怒气有些消减，才开口说道：“女儿大了，有人喜欢很正常。遇到这种事情，你应该好好开导，好好和女儿沟通，一味地数落，女儿肯定接受不了啊！”

张悦躺在床上久久不能入睡，她左思右想终于决定天亮后再和曼曼进行一次深入的交流。第二天，张悦把曼曼叫到

面前，心平气和地说道："曼曼，妈妈知道昨天说的话有些过分，我向你道歉。"

曼曼一怔，有些愧疚地说道："昨天我也有不对的地方，对不起妈妈。"

张悦接着说："有人喜欢你，妈妈很高兴，这证明我女儿很优秀。妈妈上初中时有一个女同学也很优秀，但是由于早恋把学业荒废了，初中没有读完就辍学了，现在生活得很不幸福。"

曼曼小声地说："我不会荒废学业的。"

张悦拉着曼曼的手说："可是你每天不好好学习，就知道打扮自己，能专心学习吗？"曼曼显然有些心虚，张悦继续说道："据妈妈了解，那个男孩子学习成绩很优异，重点高中甚至重点大学轻轻松松就能考上。你呢？你再这样下去，上个普通高中都有风险。所以，现在的你应该做的事情就是要好好学习。"

这次对话后，张悦看到了曼曼的变化：学习不再三心二意了，和那个男孩子也慢慢断了联系，将更多的精力用在了学习上。用曼曼自己的话说就是："我要足够努力，才能看见更美的诗与远方。"

鲁迅先生说过："孩子的世界，与成人截然不同，一味蛮管，便大碍于孩子的发展。"

父母想要有效教育孩子，那么请摆脱过时的权威心态，正视孩子的成长，用沟通填平代沟。因为只有"沟"被填平了，才能修建通往有效教育的路。

1
曼曼，妈妈知道昨天说的话有些过分，我向你道歉。
2
昨天我也有不对的地方，对不起妈妈。
3
有人喜欢你，妈妈很高兴，这证明我女儿很优秀……但现在的你应该做的事情就是要好好学习……
4

长。当你做出改变的时候，你会发现与孩子之间的关系更亲密了，也能够更好地教育孩子了。

袁丽娜一直秉承的教育理念是：孩子就要严格管教，不管就会闯出大祸。别看袁丽娜的女儿欣欣才五岁，但是袁丽娜仍对她严格管教，时不时就会要求她不要这样，不要那样，而且一旦做错事就会被罚站。

一次，袁丽娜带着欣欣去小区的超市购物。一进超市欣欣就像脱缰的野马一般乱跑，跑着跑着便不小心撞到了一位阿姨，还将手中的酸奶泼到了阿姨的身上。袁丽娜见状，赶忙上前向对方抱歉，并大声训斥欣欣："你为什么不听话，为什么不听话？妈妈和你说了多少遍了，不能在超市里乱跑，你为什么就是不听呢？"说话的同时，还一下下打着欣欣的屁股。即使那位阿姨已经离开，袁丽娜仍在喋喋不休地呵斥欣欣。然而，在袁丽娜严厉的管教下，欣欣却没有做出太多改变。于是，袁丽娜陷入了沉思。经过思考，袁丽娜决定自己做出改变：要和欣欣做朋友。用她自己的话说就是："在教育孩子这方面，现在已经走进死胡同了。既然已经是死胡同了，我为什么还要继续这样走呢？"

欣欣有一个爱好，那就是每天都会看一会儿动画片《小猪佩奇》。袁丽娜打算以此为突破口。她除了每天陪欣欣看动画片，还会陪着欣欣做游戏。

慢慢地，袁丽娜发现，小孩子的思维简直是天马行空。只有放下大人的架子，以成长伙伴的身份和孩子交流沟通，成人才能明白孩子的想法。

例如，通过陪欣欣看《小猪佩奇》，袁丽娜和欣欣可

1.4 以成长伙伴的身份拉近距离

在和孩子相处的过程中，绝大多数的父母似乎都在心里默认这样一个道理，那就是“棍棒之下出孝子”，即只有父母高高在上，对孩子严加管教，才能教出听话的孩子。

确实，现实生活中一些父母总是将自己的权威看得很重，从来不去和孩子沟通，不去了解孩子心中的想法，总是采用粗暴的方式对孩子进行管教。可是，这样管教的结果是怎样的呢？孩子的心理压力越来越大，孩子与父母之间的关系越来越僵。既然粗暴的教育方式会造成如此糟糕的结果，为什么父母不静下心来反省一下自己的教育方式？

现在的父母总是抱怨孩子越来越难教育了，但孩子为什么难教育？他们会说，因为孩子不听话。可是，如果问孩子为什么不听话？恐怕没有几个父母能够回答出来。

其实，孩子不听话的根本原因，是父母的教育方式不对。教育方式不对，导致无论父母说什么，说得再多，孩子都是一副左耳朵进右耳朵出的样子，完全听不进心里。既然如此，不妨换一种教育方式，尝试和孩子做朋友，以成长伙伴的身份陪伴孩子成

①
曼曼，妈妈知道昨天说的话有些过分，我向你道歉。
②
昨天我也有不对的地方，对不起妈妈。
③
有人喜欢你，妈妈很高兴，这证明我女儿很优秀……但现在的你应该做的事情就是要好好学习……
④

面前，心平气和地说道：“曼曼，妈妈知道昨天说的话有些过分，我向你道歉。”

曼曼一怔，有些愧疚地说道：“昨天我也有不对的地方，对不起妈妈。”

张悦接着说：“有人喜欢你，妈妈很高兴，这证明我女儿很优秀。妈妈上初中时有一个女同学也很优秀，但是由于早恋把学业荒废了，初中没有读完就辍学了，现在生活得很不幸福。”

曼曼小声地说：“我不会荒废学业的。”

张悦拉着曼曼的手说：“可是你每天不好好学习，就知道打扮自己，能专心学习吗？”曼曼显然有些心虚，张悦继续说道：“据妈妈了解，那个男孩子学习成绩很优异，重点高中甚至重点大学轻轻松松就能考上。你呢？你再这样下去，上个普通高中都有风险。所以，现在的你应该做的事情就是要好好学习。”

这次对话后，张悦看到了曼曼的变化：学习不再三心二意了，和那个男孩子也慢慢断了联系，将更多的精力用在了学习上。用曼曼自己的话说就是：“我要足够努力，才能看见更美的诗与远方。”

鲁迅先生说过：“孩子的世界，与成人截然不同，一味蛮管，便大碍于孩子的发展。”

父母想要有效教育孩子，那么请摆脱过时的权威心态，正视孩子的成长，用沟通填平代沟。因为只有“沟”被填平了，才能修建通往有效教育的路。

就《小猪佩奇》这个话题聊很久。这个时候，袁丽娜和欣欣就是好朋友，两个人一起看动画片，一起“探讨”动画片中谁的做法是对的，谁的表现是不乖的，需要如何改正。这种“探讨”之下，袁丽娜惊奇地发现，在超市里的欣欣不再乱跑了。而且，当欣欣看到别的小朋友在超市乱跑的时候，还会骄傲地对袁丽娜说：“妈妈，我不会乱跑，那样是不对的。”袁丽娜更惊奇地发现，欣欣会时不时地和她分享一些小秘密。

亲子关系是众多关系中极其重要的一种，因为它在孩子还处于婴儿时期时就起着潜移默化的作用，对孩子的行为模式、性格养成起着决定性的作用。所以，从孩子出生的那一刻开始，亲子关系就注定是父母的必修课。

在教育孩子方面，父母需要抛弃旧思想，做出改变。这种改变的开始就是：父母放低姿态，以成长伙伴的身份陪伴着孩子成长——这样父母才能听懂孩子说的话，甚至能听到孩子未能说出口的话。父母和孩子做朋友能够全方面了解孩子的情况，这样对于孩子身上的缺点、认知上的错误就能及时纠正，从而减少不良行为的发生。而且，由于父母和孩子是一种伙伴关系，孩子会更愿意与父母进行交流，而且也会更乐于接受父母的教育。

“陪伴是最长情的告白”，这句话不仅适用于爱人之间，同样适用于父母与孩子之间。愿天下所有的父母都能够明白“父母和孩子做朋友，是一种很好的教育方式”，能够以成长伙伴的身份陪伴孩子成长并拉近彼此的距离。

1.5 切忌成为孩子的“兄弟”“哥们儿”

社会呼吁，在教育孩子方面要做到理解孩子，这样才能让孩子理解并接受父母想要表达的思想和观念，进而达到教育的目的。但是，有人提出质疑，对孩子过于和善，或者不管什么事情都让着孩子，难道不会让父母丧失原本该有的威信吗？这样做不会导致孩子不听父母的话吗？

其实，在父母教育孩子这个问题上，所谓的理解孩子，并不是说什么都让着孩子，而是要把握一个度，那就是绝不能成为孩子的“兄弟”“哥们儿”。简而言之，就是可以适当妥协，但是也要保持理性，把握其中的分寸。毕竟毫无原则地过度宠溺，对孩子而言百害而无一利。

父母是孩子的第一任老师，所以对于指导孩子走正确的路责无旁贷。父母和孩子做朋友是很好的教育方式，但是做朋友也得有度，当孩子做错事情的时候，父母就应该指出来并帮助孩子建立正确的人生观、价值观、世界观。正如《颜氏家训·教子篇》所言：“父母威严而有慈，则子女畏慎而生孝矣。”即只有威严且慈爱的父母之爱，才能让孩子敬畏、谨慎，进而让他做出孝举、善举。

也就是说父母要铭记：切忌成为孩子的“兄弟”“哥们儿”。在孩子心智尚未发育成熟之前，对于孩子的错误言行，对于孩子的调皮任性，对于孩子的目无尊长、蹬鼻子上脸，对于孩子的无法无天，父母就应该用家长的威严将孩子震慑住，帮助孩子认清是非、改正错误言行，这样才能做到有效教育。

一直以来，张志和自己的爸爸关系很好，就像兄弟一样。

张志小时候，爸爸会陪他一起玩游戏、一起看动画片。张志长大了，爸爸就和他一起打篮球、逛街买衣服、探讨社会新闻。但是，张志经常说：“我和我的爸爸关系是很好，但是爸爸从不把我当兄弟。”

张志的爸爸也很认同张志这句话，他这样说：“把儿子当成兄弟很容易让我蒙蔽双眼，看不到孩子的错误言行。既然我有幸成了张志的父亲，我就有责任把张志教育好。”

在成长过程中，张志犯了不少错误，还好有爸爸的正确引导。在张志的印象中，犯的最大的错就是小时候在西瓜地里搞破坏。

每年暑假，张志的爸爸、妈妈都会带着张志回奶奶家住几天。回去的次数多了，张志渐渐和村里的小伙伴熟悉起来，并建立了深厚的友谊。

一天，张志随几个小伙伴在村外农田转悠，无意间走到了一片西瓜地。此时，一个小伙伴提议比赛，看谁能找到最甜的西瓜。几个孩子二话不说便行动起来：力气大的孩子抱起西瓜就往地上摔，西瓜瞬间被摔碎了；力气小的孩子也都各显神通，用砖头、脚丫、石头等将西瓜弄开。为了找到最甜的那个西瓜，几个孩子拼命地想办法把西瓜一个个弄开，张志也不例外。不知不觉间，西瓜地变得杂乱不堪，弄开的西瓜也不计其数。看到这种场景，几个孩子慌了神，顾不得评选最甜的西瓜，纷纷怀着忐忑的心情回了家。

张志知道自己闯了大祸，但仍自欺欺人地安慰自己：没有人知道是我和小伙伴干的，会没事的、会没事的。一直到晚上，仍没有人来问责，张志心中窃喜。不料，瓜田的主人第二天一早便拉着张志的那几个小伙伴找上门来。张志还想狡辩，可是看着爸爸铁青的脸色，他便识趣地选择了闭嘴。张志的爸爸、妈妈、爷爷、奶奶诚恳地向瓜田的主人道歉并赔偿了损失，还承诺会看管好张志，不让他再去糟蹋东西。

瓜田的主人和张志的几个小伙伴走后，张志开口辩解："爸爸，这事真不怨我，是他们非要拉着我一起去的，是他们提议的……"

"那你不知道那样做是错的吗？"张志的爸爸厉声打断他的话。张志低着头不敢说话，张志的爸爸接着说，"你给我站在院子里反省，不许回屋，记住自己做错了什么，记住以后不要再犯同样的错误。"

张志永远记得那晚柔和的微风、皎洁的月光以及被蚊子叮得满身的包。从此以后，张志牢牢地把爸爸那句"记住自己做错了什么，记住以后不要再犯同样的错误"记在了心里。即使已经长大、心智已经成熟，张志仍将爸爸的话记在心里，并时刻提醒自己犯了错要记住，要吸取教训，同样的错误不要犯两遍。

社会上大量的事实证明，对孩子溺爱，不是爱孩子，而是在害孩子。作为父母，存在宠溺孩子的心理可以理解，毕竟没有哪个父母能够真正狠下心来打骂、批评孩子。

父母要有感性的一面，也要有理性的一面，千万不要和孩子处成“兄弟”“哥们儿”，无视孩子犯的错误。不能因为要和孩子搞好关系，而让孩子失去了敬畏之心。

孩子犯了错就要及时指出，有毛病就要立即批评教育，因为只有父母采用正确的教育方式爱孩子、教育孩子，才能让孩子健康成长、快乐成长。

第二章

观念改变：

从监督/催促到培养习惯

2.1 一百遍催促不如一个好习惯

让父母头疼的教育问题是什么？孩子做事磨磨蹭蹭肯定是其中之一。

这是发生在公交车上真实的一幕。一个妈妈带着一个大概六岁的小男孩上了公交车。刚一落座，妈妈便开始咆哮："你说说你，做个事情怎么就那么磨蹭呢？妈妈七点就开始催你起床，你磨蹭了四十分钟才起来，起床后洗脸刷牙还是磨磨蹭蹭的。明明给你准备好了早饭，就因为你磨蹭，一口都没有吃。更可气的是，现在已经迟到半个小时了……"

妈妈在不停地说教，小男孩只是低着头，满脸委屈地一言不发。大多数父母对待孩子磨蹭的态度，都和上文的妈妈一样——不停地催促。因为在他们看来，孩子年龄尚小，自制能力也比较欠缺，所以需要自己的催促。

孩子什么时候能不磨蹭？这个"时候"似乎不存在。因为无论是高年龄的孩子，还是低年龄的孩子都会磨蹭，这是人的天性，也是孩子自有的一种生理节律。儿科医生和科学家发现：孩子在两岁半之前是没有时间概念的，没有对过去的回忆，也没有对未来的担忧，他们完全活在当下。直到两岁半，孩子才会对"时间”“先后”有一个初步的认识；两岁半至三岁，孩子的时间观念会初步形成，此时他们才能分清“过去”“现在”“将来”；孩子四岁的时候，虽然能说出每天做了什么事情，但是不能明确时间；孩子到了五岁的时候，才能说出在什么时间做了什么事情；孩子六岁的时候，虽然喜欢听大人讲过去发生过的事情，但他们对“半个小时”“十分钟后”仍没有具体的概念；孩子能够真正分清时间是在七岁的时候，但此时也是他们最磨蹭的时候，因为在他们的大脑深处对于在特定时间做特定事情还没有完全认同。所以，父母要正视孩子的磨蹭，总是不停地催促，可能会对孩子心理造成负面影响。

每个人都是从小时候过来的。身为父母的你回想一下小时候，是不是也有因为磨蹭被父母不停催促的时候？你改了吗？相信你也没有改。所以，与其催促孩子一百遍，不如让孩子自己去感受时间，养成一个好习惯。

橙子的妈妈以前对于橙子磨蹭的行为总是不停地督促，可是就算橙子的妈妈督促了好多次，橙子依旧我行我素，有的时候甚至越催越慢。于是，橙子的妈妈陷入了反思：为什么会适得其反，为什么明明自己很用心地督促了，可是橙子依旧不服管教呢？既然督促不管用，那就停止督促。

从此，橙子的妈妈开始学习，开始改变，练习说“好”。橙子早上不想起床，橙子的妈妈会说：“好。”

晚上快十点了，早已过了上床睡觉的时间，橙子却想画画，橙子的妈妈会说：“好。”

橙子的妈妈一改以前喋喋不休地催促，不再用发火的方

式让橙子“臣服”于自己，也不再将自己的意志强加给橙子，只是告诉她这样做可能会造成怎样的后果，然后心平气和地对橙子做出的决定说“好”。

赖床第四天的时候，橙子受不了了，她说：“班里每次只有我迟到，太丢人了。”橙子晚上不睡觉画画到深夜，画了两次以后就停了，橙子说：“第二天玩儿都没精神，更别说上课了。”橙子有三天没有认真做作业，第四天的时候坚持不下去了，因为她知道了知识是需要巩固的。

橙子的妈妈管住了自己的嘴，坚决不说“你看，我说让你快点……你就是不听”“我早说了，让你快点……”这类的话。而在橙子的妈妈开始改变的时候，橙子也在不知不觉中发生了变化，知道晚上要早点上床睡觉，知道要按时完成作业……橙子养成了一个又一个良好的习惯。

美国诗人梭罗说过：“如果一棵树一开始成长得比较慢，它以后必然有强大的根基。我相信人类的成长也是如此。”所以，当孩子磨蹭的时候，与其不停地督促孩子，不如让孩子养成一个良好的习惯，通过良好的习惯为孩子奠定健康成长的根基。

2.2 从今天起，不再陪读

“宁宁，该写作业了，你想妈妈陪你写作业，还是自己写？”

“我自己可以完成作业的。”

“为什么不让妈妈陪你写作业呢？”

“因为只要我写错了，你就会吼我，我字写得不好看了，你还是会吼我。在你的吼声中，我写作业的节奏都被你打乱了。明明半个小时能完成，在你的监督下我需要花两倍甚至三倍的时间才能完成。我觉得那样不好。”

“既然这样的话，妈妈以后都不陪你了，你就自己写作业吧。既然知道自己有什么缺点，妈妈相信你一定能够做得越来越好。那么现在你打算先做哪个学科的作业呢？语文还是数学？”

“数学。”

“你看看数学作业是什么，然后告诉妈妈需要多长时间可以完成。”

“差不多半个小时就能搞定。”

“好的，那就赶紧去写吧，半个小时以后我来检查你的完成情况哦。一定要注意书写整齐，不能马虎。”

果然，宁宁在半个小时以后完成了数学作业，并且完成得非常好。

这是一个智慧妈妈在孩子写作业之前与孩子的对话。从对话中可以看出，这位妈妈采取的是不陪读让孩子自己养成良好学习习惯的方式，而且采用这种方式对孩子进行教育收到的效果甚佳。

然而，现实生活中并没有这么多智慧的父母。对于孩子的学习，大多数的父母总是劳心劳力地陪读。

有的家长属于见“缝插针式”的陪读。例如，只要一有时间，父母就会搬个小板凳坐在孩子身边盯着孩子写作业或者给孩子讲题。如果没有时间，由于不放心孩子学习，还是会时不时来到孩子的身边，了解孩子正在写什么作业，效率如何以及质量如何。

有的家长属于“贴身保镖式”的陪读。例如，陪孩子上补习班、兴趣班。父母不仅接送孩子上下学，甚至孩子在上课时父母仍会全程在教室外等候孩子。

因为在大多数父母看来，陪读可以算得上是一种特殊的亲子行为，在增进与孩子沟通和交流的同时还能见证孩子的成长。

深夜十一点了，李晨的妈妈还在陪着李晨学习，不一会儿一场“陪读大战”爆发了。

一个晚上的时间，李晨只做了十道选择题，其中五道题还是错误的。这让李晨的妈妈很是气恼，于是开始不断地咆哮：“你看看你，一晚上都做了些什么？就只做了十道选择题，关键错误率还是百分之五十。你在学校究竟学了些什么？一晚上你的脑子都在想什么……”

李晨听着妈妈的责备声，一开始只是默默地低着头，随着妈妈说得越来越激动，李晨的脸也涨得通红。最终，李晨将紧握的拳头捶到书桌上，大声喊道：“我已经做了十道选择题，而且还做对了五道，你还想怎么样？”

李晨一边说一边使出全身的力气推搡着妈妈，虽然很费力，但是最终还是将妈妈从他的房间“驱赶”了出去，然后“砰”的一声重重地将门关上了。

李晨的妈妈愣在门口，久久没有挪动地方，脑海中不断回荡着李晨的话。原来过度的陪读只会让孩子产生逆反心理，不但不会拉近父母与孩子之间的距离，还会让父母与孩子之间的间隙越来越大。

那天，李晨的妈妈突然明白了一个道理，那就是在陪读的路上，一直痛苦不堪的不是只有父母，孩子同样不好受——陪读可谓一场两败俱伤的惨烈战争。认识到这一点后，李晨的妈妈做出了改变，她不再陪读。

以往李晨放学回到家，李晨的妈妈就会不断督促李晨赶紧写作业，还会搬着小板凳坐在李晨的身边监督。自从李晨的妈妈决定不再陪读以后，李晨得到了自由。放学回到家，李晨不会先去做作业，不是玩玩具就是看电视或者干些别的事情，总之就是磨磨蹭蹭地不去写作业。李晨的妈妈看在眼里急在心上，可是仍保持冷静不去干涉李晨的行为，任凭李晨玩够了再去写作业。时间久了，李晨终于认识到这种行为是错误的。

有一天，李晨放学回到家，像往常一样没有先写作业，而是玩起了玩具。吃过晚饭后，李晨接着玩玩具，随后又看了会儿电视，然后又开始画画。当到了刷牙洗脸准备上床睡觉的时候，李晨才想起来作业还没有做。

李晨有些着急，赶紧掏出作业开始写，一面写一面急得哭出声。李晨的妈妈一把将李晨搂在怀里，轻声说道：“现在你知道放学第一件事情要干什么了吗？”

李晨带着哭腔说道：“妈妈，我知道错了，以后放学回到家，我首先要做的就是把作业写完，然后再玩玩具、看电视，干其他事情。”

那天晚上，李晨写到很晚才上床睡觉。不过，这件事之后，李晨养成了一个习惯，那就是回家后先做作业，作业完成后再去玩玩具或者看电视。更神奇的是，李晨写作业的质量和效率也有了质的飞跃。

看着李晨一放学就坐在书桌前写作业的背影，李晨的妈妈欣慰地笑了。

陪伴孩子读书的目的是提高孩子的学习效率和学习质量，如果陪读没有达到这样的效果，不如从现在开始不再陪读。与其陪读，不如引导孩子养成一个良好的习惯。

2.3 以养成良好的学习习惯为目标

有这样一个公式：花 1 千克的气力在早期教育上 = 花 1 吨的气力在后期教育上。可见早期教育的重要性。

关于教育，教育家叶圣陶曾说过："什么是教育？一句话，就是要养成良好的学习习惯。"

孩子养成良好的学习习惯，就能不自觉地在学习这条道路上奔跑。父母作为孩子人生中第一任老师，有责任帮助孩子培养良好的学习习惯。而培养孩子良好学习习惯的第一步，便是给孩子创造有利的学习环境。

每次周琳的妈妈督促周琳进屋学习的时候，周琳都会苦着一张脸，表现出一副无可奈何的样子说道："妈妈，家里实在太吵了，我根本静不下心去学习。"

周琳并不是在为自己找借口，家里确实很吵。因为周琳的爸爸吃完饭后，总会拿着手机刷视频或者在电脑上玩游戏，而且会时不时地和组队的成员进行互动"你怎么那样？赶紧撤退啊！""别别别，都给你说了……"而且说话的声音很大，就算在楼道里都能听见周琳的爸爸说话的声音。周琳的妈妈喜爱音乐，在听到喜欢的音乐时会不自觉将音乐的声音放大，甚至还会跟着音乐的旋律唱上几句。

在多重声音的夹击下，周琳自然不能静下心来学习。可是即使周琳已经说过很多次了，周琳的父母还是完全不把这件事情放在心上，他们认为爱学习的孩子就算周边的环境再吵也能静下心来学习，甚至批评周琳是为了逃避写作业而找的借口。

吵闹的环境让周琳烦恼不已，更让周琳一次又一次不能按时完成作业。由于多次没有交作业，周琳的父母被老师请到了学校。在交谈中，老师才知道周琳不能按时完成作业的原因是家里的环境太吵。知道缘由以后，老师语重心长地说道："爱学习的孩子，就算身处嘈杂的环境也能认真学习，你们说的也不是完全不对，但是既然我们有条件为孩子创造更舒适、更有利的学习环境，为什么我们不去做出改变呢？毕竟舒适、有利的学习环境更容易培养出孩子良好的学习习惯啊。"

听完老师说的话，周琳的父母点了点头。之后周琳的父母做出了改变，不是只在口头上督促周琳认真学习了，而是竭尽全力为周琳创造安静、舒适的学习环境。周琳也很争气，考试名次从班里排名第十变成了班里排名第六。

可见，学习并不是孩子一个人的事情，父母的责任同样重大。只有为孩子创造有利的学习环境，孩子才能养成良好的学习习惯，进而取得优异的成绩。

培养孩子良好学习习惯的第二步，在孩子遇到瓶颈时，父母要帮孩子制定符合实际情况的目标。

张伟是一个学习十分刻苦的孩子，可是就算他再怎么努力，他的数学成绩却依然上不去，总是游离在及格线的边缘。

为了把数学成绩提上来，张伟将所有的课外时间都用在了学习数学上。在课间休息的时候张伟会埋头做数学卷子，在上下学的路上会背诵数学公式，在吃饭的时候会一边吃一边不停地翻看数学课本，就连晚上睡觉前都要将当天学习的数学知识再复习一遍。张伟之所以这样努力，是因为想在下一次数学考试时考到九十分。

很快，张伟就迎来了一次考试。然而，当看到只有八十分的数学试卷时，张伟倍受打击，学习的积极性一下子消失殆尽。于是，他上数学课时开始走神儿，对数学作业也开始持敷衍的态度，睡前也不再复习当天学的数学知识了。看到张伟的变化，张伟的妈妈和张伟进行了一次谈话。

“不管我怎么努力，我的数学成绩就是提不上去。我几乎将所有的课外时间都用在了学习数学上，可还是考砸了，根本没有达到九十分的目标。”张伟沮丧地说道。

“以往你的数学成绩一直都在六十分左右，你给自己设定的目标是九十分吗？”张伟的妈妈问道。

“是，我想在最短的时间内将数学成绩提上来。”张伟回答道。

张伟的妈妈说道：“妈妈问你，如果妈妈现在让你帮我提一桶水过来，你可以办到吗？”

“当然不能，那个桶太大了，如果真的让我提，我只能提半桶水。或许等我提的次数多了，锻炼出来了，我就能提一桶水了。”

张伟的妈妈笑了笑说：“你看，你也说一下子提一桶水你办不到，需要多次锻炼以后才能提一桶水。这和提高数学成绩是一个道理，想要提高数学成绩需要一个循序渐进的过程，没有人能够一口吃成胖子。我们不妨先制定一个小目标，比如下次考试时数学成绩提高五分。”

听了妈妈的话，张伟又恢复了对数学的兴趣，他继续努力，果然在第二次考试时数学成绩提高了五分。又经过三个月的努力，张伟的数学成绩终于考到了九十分。

孩子制定学习目标没有错，可是如果这个目标脱离实际情况，那么这个目标就是错误的。因为这个目标不仅不会实现，还会打击孩子学习的积极性。所以，父母在发现孩子的学习出现了问题且需要帮助时，应该及时站出来，引导孩子制定切合实际的目标，而不是一味地催促孩子好好学习。这样不仅能够增加孩子的学习兴趣，让孩子养成良好的学习习惯，还能够让孩子的学习发生质的飞跃。最后，父母要起到良好的示范作用。

什么样的父母教出什么样的孩子。所以，要想孩子爱上学习，养成良好的学习习惯，父母一定要做好示范，用自己的言行告诉孩子：看书、学习是其乐无穷的事情。

好习惯，能够让孩子受用终身；坏习惯，会危及孩子的成长。所以，父母一定要特别注意对孩子良好学习习惯的培养。

2.4 先从生活习惯着手

孩子的成长、习惯的养成离不开家庭教育，父母作为孩子的第一任老师、终身的导师，一举一动都会被孩子模仿，久而久之父母的言行就会在孩子的身上得到反馈。所以父母要想孩子养成良好的生活习惯，首先要做到的就是自我教育、自我改变，给孩子起到模范带头的作用，否则孩子只会养成不好的生活习惯。

鹏鹏自制力比较差，乱发脾气的坏习惯让鹏鹏的爸爸、妈妈苦恼不已。为了纠正鹏鹏这一坏脾气，鹏鹏的爸爸、妈妈可谓使出了浑身解数：先是苦口婆心地劝导，鹏鹏不听；后来采用罚站的方式，让鹏鹏站在墙角面壁思过，可是仍旧于事无补；最后只能采取“暴力”的方式，责骂、斥责……然而，鹏鹏依旧我行我素，暴脾气依旧如故。

这天，妈妈带着鹏鹏在楼下的小公园玩耍，鹏鹏一眼就相中了一个小朋友手中的玩具车。那个小朋友比较听话懂事，看鹏鹏喜欢他手中的玩具车，便把玩具车让给鹏鹏玩。鹏鹏拿在手中，玩得不亦乐乎，不知不觉间一个小时过去了。那个小朋友要回家了，可是鹏鹏就是不肯把玩具车还给人家，鹏鹏的妈妈费了九牛二虎之力才把玩具车从鹏鹏的手中“夺”过来并还回去。

看着小朋友拿着玩具车远去的背影，鹏鹏难过极了，坏脾气一下子就上来了，坐在地上便开始哭闹。鹏鹏的妈妈哄了好久也无济于事，最后连拖带拽才把鹏鹏弄回家。

一进家门，鹏鹏就躺在地上不起来，接着开始撒泼打滚：“我就要小朋友的那个玩具车，你去给我买！”

“你不是有玩具车吗？为什么还要？”

“小朋友的那个我没有，我就要小朋友的那种，你带我去买！”

“妈妈哪有时间带你去买，等下午爸爸回家了，再带你去买。”

“我不，我就不，我现在就要去买……”说话间，鹏鹏从地上起来，跑到玩具收纳架前拿起架子上的一个玩具摔在了地上。

鹏鹏的暴脾气简直让鹏鹏的妈妈头疼。第二天，当鹏鹏的妈妈和闺蜜说起这件事情时，仍旧感觉头疼得厉害。看着鹏鹏的妈妈用手揉额头的模样，闺蜜说道：“鹏鹏脾气暴躁，你没有想过问题究竟出在哪里吗？”

闺蜜的这个问题让鹏鹏妈妈愣住了：问题究竟出在什么地方呢？以前鹏鹏也是一个乖巧懂事的孩子，为什么会变成如今这个模样？看着鹏鹏的妈妈一脸蒙的表情，闺蜜说道：“那你有没有发现，你的脾气发生了怎样的变化？”

“我没有变化啊……”鹏鹏的妈妈疑惑地回答。可是话还没说完，鹏鹏妈妈就发现了问题所在。“你也发现了吧？”闺蜜说。

“我最近确实脾气也很暴躁，总是动不动就大喊大叫，遇到不如意的事情也总是大发雷霆。原来问题出在我自己的身上！”鹏鹏的妈妈恍然大悟道。

原来，鹏鹏的坏脾气是从鹏鹏的妈妈那里学来的。鹏鹏的妈妈经常在鹏鹏的面前发脾气，经常和鹏鹏的爸爸大声说话或者拌嘴。这些都被鹏鹏看在眼中，而鹏鹏酷爱模仿妈妈的行为，于是鹏鹏就养成了胡乱发脾气的坏习惯。

找到问题的根源后，鹏鹏的妈妈开始进行自我教育，并认真做出改变。遇到不顺心的事情，她告诫自己不要乱发脾气；和别人说话的时候，她也尽可能地做到心平气和。尽管这个改变的过程异常痛苦，但是为了鹏鹏的未来，鹏鹏的妈妈一直努力坚持着。终于，努力有了收获，鹏鹏的妈妈发现，鹏鹏乱发脾气的次数越来越少。

俄罗斯著名教育家乌申斯基曾说过：“如果你养成好的习惯，你一辈子都享受不尽它的利息；如果你养成了坏的习惯，你一辈子都偿还不尽它的债务。”

可见一个好习惯是多么重要。所以，身为父母的你，一定要尽早培养孩子良好的生活习惯，这样才能让孩子终身受益。

2.5 贵在坚持，再坚持

曾经在网上看过这样一个故事。

孩子拉着妈妈的手，想要妈妈带他出去玩，可是这个时候已经下午六点了，妈妈需要准备做晚饭。

“妈妈需要准备做晚饭了，宝贝。”“可是，我就想让你带我出去玩。”

“那你等我做好晚饭，我们再一起出去玩。”“那什么时候才能出去玩呢？”

“等妈妈做好晚饭，然后吃完饭，我们就可以出去玩了。”“不，我就要现在出去玩。你先陪我出去玩会儿，玩完以后，你再回来做饭。”

“那你可以陪妈妈做好晚饭，然后吃完晚饭，我们再一起出去玩吗？”“不可以，妈妈先陪我玩，再做饭。”

“我们每天都是七点钟吃晚饭，现在已经六点了，妈妈再不准备做晚饭，时间会来不及。”“那今天就晚一点吃晚饭呗。”

“可是这样一来你就会长不高哦。”“好吧，那我帮妈妈一起准备晚饭。”

妈妈和孩子之间你一言我一语地进行着对话，妈妈一直坚持自己的想法，几个回合下来，孩子只能选择“投降”，帮助妈妈一起准备晚饭。因为孩子知道，只有快点准备晚饭并吃完晚饭，妈妈才能陪他去玩，而且孩子还知道，只有按时吃饭才能长高。

从这个故事中可以看到，在培养孩子养成良好习惯的时候，父母需要把握一个度——坚持自己的立场。无论孩子持怎样的反对意见，无论孩子怎样苦苦哀求，父母都需要坚持自己的立场。

试想一下，如果妈妈一时心软答应了孩子的请求，可能会获得一时安宁，可是这次妥协也给了孩子一种心理暗示，那就是只要自己不断哀求，妈妈就一定会答应自己的请求。等孩子下一次要求妈妈带他出去玩，或者买玩具时，孩子会采用同样的方式来“对付”妈妈，因为他知道妈妈一定会答应。

一时的心软换来了一时的安宁，可是也换来了以后更长久的不安宁，这就是父母在教育孩子时不坚持自己立场的后果。然而，在现实生活中，像故事中的妈妈那样能够坚持自己的立场的父母很少。周子龙的妈妈便不能坚持自己的立场。

“妈妈，我要吃汉堡。”“妈妈今天太累了，我们改天再去吃吧。”

“不，我就要现在去吃汉堡。”“汉堡都是些油炸食品，吃多了不健康，还是妈妈做饭给你吃吧。”

“不，我不吃你做的饭，我就要吃汉堡。”“你的作业还没有做呢，我们先回家做完作业再去。”

看着眼前儿子楚楚可怜的模样，周子龙的妈妈有些动摇。她在心中想：孩子每天学习那么辛苦，带着孩子吃一回汉堡就当犒劳犒劳孩子了；自己小时候都没有吃过汉堡，总不能让孩子也有这样的遗憾吧；算了，他还是个孩子，就答应孩子的请求吧。

经过一番自我疏导，周子龙的妈妈带着周子龙去吃了汉堡，还顺便又去游乐场玩了很长时间。等他们回到家已经晚上十点了，此时周子龙的作业还没有做。“算了，他还是孩子，偶尔一次不完成作业也没有关系。”周子龙的妈妈想着，于是给周子龙洗漱后便让他上床睡觉了。

第二天当周子龙的妈妈接周子龙放学的时候，明显感到孩子的情绪不对。在不断追问下，她才知道，由于周子龙没有按时完成作业被老师点名批评了。此时，周子龙的妈妈才意识到自己的一时心软其实害了孩子。

不合时宜地迁就孩子，答应孩子的请求，只会成为孩子养成良好习惯的阻碍。

所以，在对孩子教育的时候，请父母一定要记住：要想让孩子养成良好的习惯，贵在坚持，再坚持。

妈妈，
我要吃汉堡。
妈妈今天太累了，我们改天再去吃吧。
不，我就要现在去吃汉堡。
耶！

第三章

行为改变：

从指指点点到以身作则

3.1 如何消除孩子的抵触心理

越来越多的父母感叹：自己明明很爱孩子，对孩子呵护备至，但是得到的结果还是不尽如人意，为什么？是现在的孩子比较难管，还是自己的教育方式出了问题？例如，看到孩子在玩手机，怕手机会伤害孩子的眼睛，你会要求孩子：“把手机放下，不许看，再看眼睛都要近视了。”可是得到的却是孩子这样的回应：“我就不，我还没看完呢，我还要看。”

面对如此叛逆的孩子，听着孩子一句句的抵触话语，你可能又会恨铁不成钢般地说孩子太不听话了，接着冲孩子一通吼，最后心力交瘁地叹息道：“我怎么就生出你这么个不听话的孩子。”慢慢地你会发现，你和孩子之间的关系变得既尴尬又紧张。

人们都说，父母是孩子最重要的老师。想要孩子成为怎样的人，父母就要先做好榜样。可是如果父母只是要求孩子怎么做、必须改正什么样的缺点，自己却不起好带头作用，又怎能让孩子心服口服？又谈何让孩子按照父母的要求去做？此时，孩子往往会带着强烈的抵触心理说出顶撞父母的话语，甚至做出反抗父母说教的行为。

父母的言行对孩子的成长起着举足轻重的作用。如果父母注重的是只言不教，不是言传身教，在潜移默化中会对孩子的行为习惯、思想认知产生负面影响。所以，为了孩子的健康成长，为了消除孩子的抵触心理，在日常生活中，父母一定要以身作则。

周乐怡的儿子赵天天马上要接受中考的洗礼了。为了鼓励赵天天考个好成绩，周乐怡和丈夫商量后决定，只要儿子中考成绩优异就给儿子买一部手机。赵天天果然没有辜负父母的期望，考了不错的成绩。周乐怡和丈夫也履行了承诺给儿子买了一部手机。

不料，本来成绩优异的赵天天升入高中后，在第一次模拟考试中成绩却一落千丈。周乐怡见状自然心里很着急，但是转念一想：或许是儿子刚上高中还不适应，或许是儿子考试失利，没准下次考试成绩就上来了。很快第二次模拟考试的成绩出来了，赵天天的成绩依旧没有提升，而且与第一次相比甚至有下降的趋势。这下周乐怡彻底坐不住了，私下找赵天天的老师聊了好几次。赵天天的老师表示："赵天天的学习基础还是可以的，就是上课的时候总是走神儿，交上来的作业也是马马虎虎，你们做家长的要时刻监督孩子的学习啊。"

周乐怡有些懵：自己明明在监督孩子学习啊。每天吃完晚饭，周乐怡都会催促儿子回房间学习。可是老师为什么这么说呢？这天晚上周乐怡终于知道了原因。

这天晚上吃完饭，周乐怡像往常一样，催促赵天天回房间学习。因为记着老师的叮嘱，周乐怡准备去儿子房间看看他的学习情况。可是刚走到赵天天的房间门口，就听见他着急地小声说道：“你们上、上、上，对、对、对，漂亮……”周乐怡一把推开赵天天的房门，果然看到玩游戏玩得正起劲的儿子。

周乐怡怒火中烧，冲着赵天天吼道：“赵天天，你这是在学习吗？爸爸妈妈辛辛苦苦赚钱养家，你就是这样回报我们的吗？”

看着生气的妈妈，赵天天说道：“为什么只有我要学习，你们就可以刷手机、看电视？”

看着顶嘴的赵天天，周乐怡更生气了，对着赵天天就是一顿数落。一旁的周乐怡的丈夫开口想要缓解紧张的局面，可是局面却变得更加紧张。听着周乐怡一句句的说教，赵天天终于爆发了，愤怒地说道："你们大人就知道说，不知道做。你们不让我玩手机，你们自己还不是每天在玩手机。每天吃完饭，你们就知道催着我回房间写作业，你们呢？不是躺在沙发上追电视剧，就是窝在地毯上玩游戏……"

说到激动的时候，赵天天把周乐怡夫妻赶了出来，"砰"的一声把房间的门关上并反锁了。

周乐怡气急了，在沙发上坐了许久才让心情平静下来，之后脑海里便一直回想着赵天天的话。周乐怡回想之前的所做所为：因为周乐怡是极度的电视迷，每天都会把大量的时间花在用手机或者电视机刷电视剧上。周乐怡简直把电视剧当成了"情人"，常常会让这个"情人"陪她到凌晨。每天一吃完晚饭，周乐怡就会迫不及待地催促儿子回房间写作业，然后自己拿起手机尽情刷剧。而周乐怡的丈夫是极度的游戏爱好者，所以周乐怡的丈夫几乎将工作之余的时间都用在了游戏上，对于儿子的学习也只是简单地口头叮嘱一下。

听了赵天天的抱怨后，周乐怡决定做出改变，因为孩子的教育不能仅凭父母说，还要父母做。如果父母都做不到言传身教、以身作则，又怎能养出一个听话懂事的孩子呢？

于是，周乐怡变了，她不再疯狂刷电视，每天最多看两集电视剧，其余时间会尽可能地做些有意义的事情，或者辅导儿子写作业。周乐怡的丈夫也变了，不再沉迷游戏，每天除了辅导儿子写作业以外，还会陪儿子下楼打篮球、跑步。

在周乐怡和丈夫身体力行的影响下，赵天天也不再沉迷于手机，他懂得了合理分配学习与娱乐的时间和精力。慢慢地，赵天天的学习成绩有了改善，最终名列前茅。

俗话说："育人先育德，育儿先育己。"

美国教育家孟禄也曾提出："教育起源于儿童对成人的无意识模仿。"在教育孩子时，父母不只要说，还要做，做到以身作则。因为只有这样才能达到"你说了，孩子听到心里"的效果，否则，只能让孩子产生抵触心理。

3.2 做给孩子看，而不是指给孩子看

在这个网络极其发达的时代，大部分父母都变成了低头一族：过马路时，一边叮嘱孩子注意看车，一边低着头刷着手机；吃饭时，一边唠叨着让孩子好好吃饭，一边埋头盯着手机，还时不时笑出声来；开家长会时，台上是老师在兢兢业业地分享教学理念并逐一分析每个学生的特点，台下却是父母把手机调成静音并跷着二郎腿若无其事地玩着游戏……

这部分父母除了都是低头一族以外，还有一个共同的特点，那就是无论他们多么执着于玩手机，决不允许自己的孩子毫无节制地玩手机、打游戏、刷平板。面对这样的父母，有些孩子会觉得非常委屈："为什么你就可以一直玩手机，而我只玩了半个小时你就开始不停地说教，烦死了。"而有些孩子则会爆发出来，冲着父母喊冤："凭什么你玩就可以，我就不可以？你知不知道，手机发出的声音，还有你时不时发出的笑声严重影响我看书！"

这就是典型的"只许州官放火，不许百姓点灯"，父母都做不好的事情却反过来要求孩子必须做到完美，孩子自然会不服气，或者有样学样。

最近，杨子清对一周岁多点的儿子乐乐的行为感到很苦恼，也很不能理解。杨子清陪乐乐在围栏中玩耍，正玩得高兴时，乐乐经常会一只手拎着布玩偶，颤颤巍巍地走到围栏的边缘，然后干净利落地将它扔到围栏外。一系列动作完成后，乐乐会转过身开心地看着杨子清，好像在等待杨子清的表扬。

晚上读故事哄乐乐睡觉的时候，乐乐听着听着就会猛地从杨子清的手中“夺”过故事书，然后爬到床的边缘并将书扔到地上。然后，乐乐会冲着杨子清笑，露出等着杨子清表扬的表情。当然，乐乐等不来表扬，只能等来杨子清一次次地呵斥。

有一天，杨子清又因为乐乐的此种行为恼火，杨子清的老公回来了。他询问清楚前因后果后，用一句话点醒了杨子清：“难道你没意识到孩子是在模仿谁的动作吗？”

杨子清一愣，然后意识到事实确实如此。每次陪乐乐在围栏里玩耍时，杨子清都会将乐乐换下来的尿不湿或者用过的纸巾，顺手扔到围栏的外面，因为垃圾桶离她实在太远了，她不想走过去扔。

晚上读故事书哄乐乐睡觉的时候，杨子清为了省事，常常将换下来的尿不湿顺手扔到地上。

原来，杨子清的所作所为都被乐乐看在了眼里，所以乐乐才会有样学样地模仿杨子清的行为。

人们常说："家庭是孩子人生中的第一所学校，父母是孩子的一面镜子。"父母的行为最终都会在孩子的身上体现出来。

德国教育家第斯多惠曾说过："正如没有人能把自己没有的东西给别人一样，谁要是自己还没发展，培养和教育好，就不能培养教育别人。"

在一次采访中，董明珠说过这样一句话："妈妈对我的教育虽然不多，但还是教了我很多东西，这些都是她做完了给我看的，虽然没有太多话，却反而令我记忆尤深，并受益匪浅。"所以，对孩子最好的教育就是做给孩子看，而不是指给孩子看。

德国教育家卡尔·雅斯贝尔斯说过："教育的本质是一棵树摇动另一棵树，一朵云推动另一朵云，一个灵魂唤醒另一个灵魂。"如果在教育孩子时，是做给孩子看，而不是指给孩子看，久而久之，父母的以身作则、良好的行为一定会培养出健康优秀的孩子。

3.3 榜样的力量是无穷的

孟母三迁，是孟子和其母亲之间真实发生的故事。

在孟子三岁的时候，孟子的父亲便去世了，为了给孟子的父亲守墓，孟子的母亲将家迁到了坟墓附近。孟子是一个对什么都感到好奇并且喜欢模仿的孩子，一次次面对跪拜哭丧、埋葬等场景，孟子开始学着大人的模样玩起举办丧事的游戏。孟子的母亲看到后皱起眉头，心想，决不能让孩子在这里住下去了。

于是，孟子的母亲带着孟子搬家了，搬到了集市附近。孟子最常听到的就是集市上讨价还价以及杀猪宰羊的声音，久而久之孟子又开始和小伙伴玩起了做生意的游戏。看着孟子惟妙惟肖表演着商贩鞠躬欢迎客人、招待客人的模样，孟子的母亲再次皱起了眉头，她决定第三次搬家，因为她觉得这里也不适合孩子居住。

孟子的母亲带着孟子再次搬家了，这次他们搬到了一所学校附近。在这里，孟子每天听到的是学生读书的声音、看到的是学生恭敬有礼的样子。耳濡目染下，孟子也变得恭敬

布，需要一针一线才能织成。学习，需要每天读书习字才能学成……

有礼、喜欢读书。孟子的母亲这次终于欣慰地笑了。

后来，孟子也去学校上学了，可是时间一长，孟子就开始厌学并逃学。

一次，孟子逃学早早地回到了家，孟子的母亲十分生气，拿起剪刀就将辛苦织的布剪断了，然后严厉地对孟子说："布，需要一针一线才能织成。学习，需要每天读书习字才能学成。你这样逃学，就像我剪断的布一样，不仅会前功尽弃，更会一事无成。"

孟子在母亲的影响和教育下，最终学有所成。

通过孟母三迁的故事以及三次搬家时发生的小插曲，不难发现在孩子的成长过程中，父母起着至关重要的作用。孩子就像一张白纸，孩子的思维、行为几乎都是在父母的影响下形成的，如果父母起到的是积极正面的榜样作用，孩子就会受到正面的引导；反之，孩子受到的就是负面影响。因为在孩子的成长过程中，孩子会不断地向周围进行学习，而父母是孩子经常学习的对象，父母的一举一动都会深深地刻在孩子的眼里、心里，然后被孩子在无形中全盘接受。因此，为了让孩子变得优秀，父母需要给孩子先做出良好的榜样。

有一天，苏青到邻居刘雯家做客，看着邻居家孩子认真学习的样子，又开始了长篇大论，不停地抱怨自己的孩子是如何不听话，如何惹她生气的。看着苏青恨铁不成钢的样子，刘雯说道："你催你家孩子写作业的时候，你在干什么？"

苏青说道："上一天班累死了，我当然需要放松放松啊，不是在看手机，就是在看电视。"

刘雯笑笑说道："我以前也这样，下班回家根本没心思管孩子，孩子一旦出现问题不是吼孩子，就是和孩子冷战，搞得孩子很叛逆。后来一个朋友的话给了我启发，她是这样对我说的'我们大人总喜欢给孩子灌输一些大道理，却从不用行动给孩子做榜样，总是说一套做一套'，她让我明白只有大人给孩子做出榜样，孩子才能接受好的影响。"听了刘雯的话，苏青若有所思地点了点头。

"你看看你，一天天懒得不行，回家就往沙发上一瘫。你看看你们班的同学，不仅学习成绩好，还品学兼优，你怎么就不能向你的同学学习一下呢？"

"你看你表哥，每天回家就会自觉写作业。而你呢，每天写作业都要三催四请的！你上学是给我上的吗？你学的知识是给我学的吗？"

"我每天起早贪黑地上班已经很累了，你就不能主动把作业做了，别一天天让我催你，行不行？"

这是苏青经常对儿子乐余说的话，与其说是"说"，不如说是"吼"。然而每次"吼"这些话的时候，前一秒苏青不是在沙发上"葛优瘫式"地刷着手机，就是在悠闲地看着电视。在这样的家庭环境下成长，在这样的学习氛围下学习，乐余受到的影响自然是负面的。

自从与刘雯聊完之后，苏青明白了父母的行为对孩子的影响，并下定决心要给乐余树立一个好的榜样。苏青放下了手机，捧起了书本，要给孩子营造好的学习氛围。下班回到家，即使再累，苏青也要提起精神陪着孩子学习；就算再想偷懒，苏青也会陪孩子练琴画画。乐余在苏青的影响下，也逐渐变得爱学习，身上的一些坏习惯也改掉了。

孔子曾说:“其身正，不令而行；其身不正，虽令不从。”可见在家庭教育中，榜样的力量是无穷的。所以当父母因为孩子的问题批评孩子的时候，不妨先审视一下是不是自己的行为造就了孩子的不良行为。

3.4 让孩子对你产生敬畏感

现在很多父母都在抱怨孩子不听话，埋怨孩子做什么永远都跟自己反着来，在不断挑衅着父母的底线。为什么会出现这样的情况？因为父母没有教会孩子敬畏。

一天，刘琪琪带着8岁的女儿暖暖到朋友家做客。一到朋友家，暖暖就“自觉”地从刘琪琪的包里拿出手机，然后一个人坐在沙发上玩了起来。玩着玩着，刘琪琪的电话铃声响起，刘琪琪赶忙走到暖暖跟前想要接电话，可是暖暖直接将电话挂断了，并继续玩游戏。无论刘琪琪怎么哄、怎么说，暖暖就是一副无动于衷、不肯归还手机的模样，嘴里还振振有词地说：“妈妈，谁让你不给我买手机。你不给我买手机，我就只能玩你的了，你就别想接电话。”

刘琪琪的朋友一脸惊讶的表情，心里默默嘀咕：“这个孩子怎么会这么不听话？”

刘琪琪一脸无奈地看着朋友说道：“没办法啊，这孩子就这样，每次都是不达目的不罢休，一次次挑战着我的底线，我都快崩溃了。”

这是不是现在很多父母都在面临的情况：孩子不听话，孩子永远是老大，自己在孩子面前一点地位都没有。即使对孩子进行说教，最后还是会成为孩子的“手下败将”，被孩子控制。这是为什么呢？因为孩子缺乏敬畏之心，对父母没有敬畏感。

什么是敬畏？敬畏就是一个人对某些事物应该持有的一种尊敬与畏惧。这种“敬”是个人从内心深处所表现出来的尊敬，而“畏”不仅仅是畏惧，更是个人对自己一举一动的警示和自省。因为“敬”，所以知道什么可以做，应该怎么做；因为“畏”，所以知道不应该做什么。简单来说，敬畏是一个人内在品德的外在表现，也是一个人对自我行为的一种约束。

曾有这样一篇文章，大概意思是：在《西游记》中，能七十二变、呼风唤雨、本领奇多的孙悟空，一路护送唐僧西天取经，可谓立下了汗马功劳。然而在最开始护送唐僧取经的时候，孙悟空自由自在，也可谓天不怕地不怕，任凭唐僧怎么说教依旧不能使其臣服，最后还是观世音拿出“紧箍咒”才将其降服。

正因为“紧箍咒”的存在，孙悟空才有所收敛，在有所畏惧的前提下护得唐僧取得真经，最终他也修得正果，成为“斗战胜佛”。试想，如果没有“紧箍咒”的存在，孙悟空会是什么结局呢？恐怕还是那个在山林间称王的猴子罢了。其实孩子何尝不是如此呢？

孩子的成长过程大多都是如孙悟空般无忧无虑，而孩子最终能否“修成正果”，就要看父母的教育方式。如果父母总是采用唠唠叨叨、指指点点的方式教育孩子，孩子的未来可能就是“不过尔尔”；如果父母是一边念着“紧箍咒”，一边以身作则陪孩子一起“修行”，那么孩子肯定受益良多。

换言之，在孩子教育方面，父母对孩子进行爱的教育的同时，也要让孩子对父母产生敬畏感。因为只有敬畏感在，父母才能对孩子的行为产生约束，让孩子知道什么事情该做、什么事情不该做，如果做了不好的事情，父母就会用“紧箍咒”。让孩子对父母产生敬畏感的方法是什么呢？

请回想一下，作为父母的你，要求孩子做到某件事情你却没有做到，或者答应孩子的要求你却没有兑现的时候，孩子的表情是什么样的？会失望、会沮丧、会觉得大人言而无信。孩子会说什么话？会说“你们大人总是这样，自己做不到的事情，却来要求我做，这样不公平”“明明答应我的，为什么反悔？我讨厌你”。如此一来，孩子不仅会对父母失去信任，而且在孩子的心中父母的权威也会荡然无存。

所以，父母要给孩子树立榜样，做到身体力行。当父母给孩子树立的是一个正面的形象——言而有信、说到做到时，孩子自然就会对父母产生信任感、敬畏感，而父母也能在孩子面前建立起权威。只有触及孩子内心，让孩子心服口服，才能起到正向效果，才能让孩子发自内心地信任你，才会更加尊重和敬畏你。

在孩子面前没有权威的父母，对于孩子的成长和教育都是不利的。父母一定要设法改变这种状况，在孩子面前树立权威，让孩子对你产生敬畏感。

不管怎样，如果孩子对父母没有敬畏感，父母想要将孩子教育好，几乎是不可能的事情。

3.5 以身作则，事半功倍

孩子的成长是一次“单程旅行”，如果父母错过了对孩子教育的最好时机，必将会影响孩子一生的发展。所以在对孩子的家庭教育方面，父母一定要严肃对待，不能有半点马虎。然而，尽管父母经常引导孩子的言行举止，并再三叮嘱孩子“应该这样做”“不应该这样做”，可是收到的效果往往微乎其微，孩子依旧我行我素，甚至还会做出令父母更伤脑筋的事情。

为什么会这样呢？这是值得每一个父母去思考的。众所周知，父母就是孩子的一面镜子，父母的言行举止会潜移默化地对孩子产生影响，孩子会模仿父母的一言一行。

东汉语言学家许慎在《说文解字》中对“教育”给出的解释是：“教，上所施，下所效也；育，养子使作善也。”可见，真正的教育不是空洞、枯燥、粗暴的说教，更不是将孩子丢给学校的老师让孩子接受知识的教育就可以。一味地“捧杀”和一味地“棒杀”都不是很好的办法，真正的教育是父母要“上所施”，然后让孩子“下所效”，这样孩子才能“使作善也”。简单来说就是，父母要以身作则，给孩子树立一个好的榜样，让孩子去效仿。

比如，到晚上该睡觉的时间了，父母一边逼着、哄着孩子回屋睡觉，一边看着电视剧或刷着手机。试想，父母自身都做不到按时回屋睡觉，难怪孩子会反问“为什么爸爸、妈妈不早点去睡觉呢”。

所以，父母在生活中做错了事情要立刻道歉，说话时注意文明用语，不熬夜按时睡觉……这样以身作则式的教育方式，往往可以起到事半功倍的效果。

小宁喜欢说脏话，因为这个坏毛病，他被班主任钱老师叫到办公室批评了好几次。

钱老师每次都语重心长地对小宁说：“小宁，你现在还小，说脏话这个毛病现在改还来得及；现在不改，等你养成了习惯，就不好改了。”

可是，小宁每次都理直气壮地说：“我觉得我这样说话挺好的呀，我就要这样说。”

“没有哪个大人喜欢说脏话的小孩。”钱老师说道。

小宁反驳道："可是，我爸爸、妈妈就经常这样说话啊！我也不觉得他们不喜欢我啊，他们也没有因为我说脏话批评过我啊。"

原来问题的源头在小宁的爸爸、妈妈身上。于是，再次对小宁劝说无果后，钱老师将小宁的爸爸、妈妈请到了学校。

面对小宁的爸爸、妈妈，钱老师开口说道："关于小宁说脏话这个坏习惯，我已经批评教育了好几次，可是每次都不起什么作用。上次和小宁聊天，我得知原来你们说话的时候也是会说脏字。"

小宁的爸爸、妈妈有些不好意思地说道："我们习惯了，也没觉得有什么问题。"

钱老师摆摆手说道："可不是这样的。孩子的模仿能力是很强的，父母的言行举止都会影响孩子。如果你们做家长的，经常在孩子面前说脏话，孩子也会学着父母说脏话。"看着小宁的爸爸、妈妈露出尴尬的笑容，钱老师继续说，"所以为了孩子好，在说话方面希望你们能够改一改。毕竟孩子习惯说脏话，对孩子的成长没有半点好处。现在小朋友都不愿意和小宁玩，就是最直观的一个负面影响。"

自那次谈话后，小宁的爸爸、妈妈认真反省了自身存在的问题，然后两人约定：绝不在孩子面前再说脏话，就算孩子不在身边，也要尽量控制说脏话的坏习惯。小宁的爸爸、妈妈也和小宁约定：无论是在家里，还是在外面，谁也不可以说脏话，如果有人违反约定就要受惩罚。

开始的时候，虽然小宁和他的爸爸、妈妈还会不小心说出脏话，但是说脏话的次数明显少了很多。一个月后，小宁在爸爸、妈妈的以身作则下，彻底改掉了这个坏毛病。

父母的一言一行要比钱老师的千言万语更有效，起到的效果也更为显著。

有一个不争的事实，那就是父母是孩子人生中的第一任老师，对孩子的性格、心理、行为习惯、处事方式，以及说话风格、饮食习惯、走路姿势等都有着深远的影响。如果看到孩子在某方面出现了问题，请父母不要急着责备孩子，而是先反省一下自身。如果这些问题恰巧也出现在父母身上，父母应该先以身作则改正自身。

“身教大于言传”，父母以身作则，把自己变成孩子的榜样，在教育孩子方面，自然会事半功倍。

第四章

言语改变：

从只说不听到多听少说

4.1 “别人家的父母”是什么样

“你看看别人家的孩子，学习成绩那么好，你怎么就不能像你的同学看齐呢？”

“你怎么就那么笨呢，你看看楼上尹阿姨的女儿！”

“你看看别的小朋友，都安安静静坐在那里看书，你怎么就不能学学呢？就知道瞎跑！”

……

“别人家的孩子”几乎是大部分父母眼中的“好孩子”，是自己的孩子应该学习的榜样。但是有一个不容置疑的事实是：每一个孩子背后都需要一个家庭做支撑，而那些“别人家的孩子”的背后，都有一对“别人家的父母”。所以，当身为父母的你在拿自己的孩子和别人家的孩子做比较的时候，你自己有没有先和“别人家的父母”做比较呢？

心理学中有一种现象称为“超限效应”，即话说得越多，其说服力就会越低。父母在教育孩子时经常对孩子唠叨，是因为在父母看来只有说多了，孩子才能记住。殊不知，父母对孩子的“唠叨”其实就是典型的“超限效应”，正是导致孩子不听话、叛逆的原因。

好的父母、别人家的父母，都是多听少说。

前段时间，唐伟在饭店吃饭遇到了两对母子。有意思的是，这两位妈妈对孩子吃饭的态度截然不同。

一位妈妈接过服务员递过来的菜单，无论孩子如何表达自己的意愿，妈妈一律以不健康为由拒绝，并按照自己的意愿为孩子点了餐。吃饭期间，这位妈妈也是不停地叮嘱：

“来，宝贝，吃点菜，不能光吃肉，那样营养不均衡。”“不可以喝饮料，多喝汤，饮料对身体不好。”“把筷子放下，用筷子敲桌子和碗很不礼貌的。”“别下手抓啊，要用勺子，你手上那么多细菌，用手抓饭吃很容易生病的。”……

无论妈妈如何说，说得再多，孩子就像没听到一样依旧我行我素。一顿饭从头到尾，只听见那位妈妈不停地对孩子唠叨，以及孩子反抗发出的声响和哭声。而另一桌从头到尾都在安安静静地吃饭。

在点餐时，妈妈询问了孩子想吃什么并按照孩子的意愿点了餐。吃饭过程中，孩子想要自己用筷子夹菜吃，可是明显没有熟练掌握筷子的使用技巧，所以总是发出“叮叮当当”的声响。妈妈和孩子进行沟通，试图说服孩子用勺子吃饭，却被孩子拒绝了。

此时这个妈妈并没有长篇大论地说“你还小，还不能用筷子”“等你再长大些”之类的话，而是闭上嘴，倾听孩子的意愿。“我身边的小朋友都可以自己用筷子了，只有我不会”“我也想自己用筷子吃饭”“我已经长大了，已经是男子汉了”……在倾听了孩子意愿后，这位妈妈挪了挪位置，紧贴着孩子坐下并握着孩子的手，开始手把手教孩子如何使用筷子，一次夹不住，就两次，两次夹不住，就三次，直到孩子成功夹住盘子里的食物。场面看起来温馨又美好。

同样是妈妈带孩子吃饭，所营造的氛围为什么会如此不同？

美国哈佛大学社会心理学家丹尼尔·魏格纳曾做过这样一个实验，他要求实验人员不要去想白熊。可是，这个指令发出以后，实验人员的脑海中出现了强烈的反弹，他们居然忍不住开始想白熊。

这就解释了为什么第一位妈妈喋喋不休地教育孩子，不仅没有明显效果反而让孩子反感，而第二位妈妈多听少说反而氛围其乐融融。所以，父母在教育孩子的过程中，一定要讲究语言的艺术。唠唠叨叨只能让孩子产生厌烦的情绪，少说话多听孩子的意愿，才能避免孩子出现“反弹”行为。

4.2 你和孩子的沟通有效吗

大多父母普遍认为，物质上满足孩子的需求孩子就会快乐，至于和孩子沟通尤其是进行精神层面的交流则没有必要，毕竟孩子还小，只要遵从父母的意愿就可以。于是，就会出现这样一种现象，当孩子向父母诉说某种需求的时候，家长做不到耐心坐下来倾听孩子的诉求，通常会一边忙着自己的事情，一边心不在焉地以“嗯”“啊”来回应，或者干脆丢出“我很忙，待会再说”这样的借口敷衍孩子，甚至还自动忽略孩子的诉求，有时还没听清孩子所说的事情原委，就凭自己的猜测对孩子进行批评。

一个人在说——孩子在说他的诉求，或者父母在说着批评的话，一个人在听——父母在敷衍地听，或者孩子在不耐烦地听。这不是有效沟通，有效沟通达到的效果是父母和孩子感情的加深，而不是彼此感情的损耗。

身处这个快速发展的时代，父母每天确实很忙，忙着赚钱养家、忙着完成工作、忙着和朋友联络感情、忙着避免“子欲养而亲不待”遗憾的发生。因为忙，所以活得很累。可是正因为忙，父母才更应该和孩子进行有效沟通。

父母和孩子究竟应该怎样做到有效沟通？很简单，父母只要将敷衍的倾听改成耐心倾听，适当减少喋喋不休的说教就可以。

杨红的女儿乐乐最近养成了一个坏习惯，总是用袖口或者衣服擦嘴巴。这样一来，原本干净的衣服就会变得很脏，而且如果擦的是不好清洗的东西，比如西瓜汁，那简直能让杨红抓狂。为此，杨红纠正过乐乐好几次，可是乐乐就是屡教不改。

既然教育无果，那就另辟新径。杨红改变了喋喋不休的说教，而是轻声细语地问道："乐乐，能告诉妈妈，为什么一定要用衣服擦嘴巴吗？"

乐乐露出小虎牙，笑着回答道："因为我的好朋友晓璇就是这样做的啊，我觉得很好玩。"

“原来是这样啊！”杨红在心里想到，但是她没有打断乐乐的说话，只听乐乐继续说道：“妈妈，你不觉得这个图案像一只小兔子吗？这是小兔子的那对耳朵，这是小兔子圆圆的尾巴……”乐乐边说，边指着因为擦嘴巴留在袖口上的印记，移动着小指头给妈妈看。

杨红看着乐乐兴奋、开心的样子，终于开口说话了：“既然乐乐这么喜欢这些图案，那不如我们把这些图案画在纸上好不好。你把它们‘画’在身上，妈妈一不小心把它们洗掉了怎么办？”

“好。”说着，乐乐便跑去拿纸和笔，开始画自己的“大作”。就这样，乐乐把这个坏习惯改掉了。

你和孩子之间的沟通有效吗？如果答案是否定的。那么请改变自己对待孩子的教育方式。当你认真听孩子说话时，可能会收到意想不到的效果。

4.3 为什么孩子不肯说，因为说了也白说

孩子年幼的时候，和父母总有说不完的话，无论遇到什么事情，孩子都会第一时间和父母分享。可是随着孩子慢慢长大，父母发现孩子和自己的沟通越来越少，不再和自己说心里话，有时候遇到难以解决的问题，孩子宁可自己扛着，也不愿意和父母说。在父母追问孩子“为什么”“究竟发生了什么”的时候，孩子就会不耐烦地说：“我说什么，我说了你肯听吗？说了也是白说。”

“说了也是白说”道出了多少孩子的辛酸！究竟是什么导致孩子不愿意和父母说心里话呢？其实不是孩子不愿意和父母说心里话，而是即使孩子和父母说了，也没用。

小旭说：“每次我鼓足勇气和父母说些心里话的时候，我爸妈总有一堆大道理等着我。如果我认同他们的话，那么我还能好过点，不用再受他们的说教；可是如果我表现出不耐烦、不认同的表情或者动作，我爸妈就会一直说个没完，直到我接受为止。”

晨晨说：“昨天考试我又考砸了，我妈狠狠地批评了我一顿。其实，我每次考砸都知道自己应该更加努力学习。我也明确和妈妈表示，如果她别把我逼得那么紧，别让我那么紧张，给我喘息

的机会，我一定会有所进步。但是，每次妈妈都是摆出一副‘管你还考成这样，不管你还了得’的模样。谁不想成为更好的自己啊，可是妈妈这种说教方式，我实在受够了。”

其实在最开始的时候，孩子是愿意和父母说心里话的，可是当孩子在和父母沟通的时候，父母的行为让孩子感到沟通没有意义，父母只想让他们屈服，孩子便逐渐打消了与父母沟通的念头，变得不愿意再和父母说心里话。

刘静和岳珊珊是住上下楼的好朋友。有一天，刘静来岳珊珊家里做客，邀请岳珊珊去观看她女儿妞妞的舞蹈比赛。

刘静骄傲地说：“这次妞妞比赛你一定要去啊，上次比赛你就没去，你是没看到上次妞妞拿到区比赛第一名的样子，简直太让我激动了。这次比赛比较有难度，是市级的。但是我相信以妞妞的实力，肯定能进前三名。”

可是就在比赛的前一天，妞妞把脚给扭伤了，虽然不是很严重，但是医生叮嘱一定不能过度运动，要多注意休息。妞妞最终没能参加市级的舞蹈比赛。

岳珊珊到刘静家里看妞妞，安慰妞妞：“妞妞没事啊，这次我们没能参加比赛，我们好好养伤，等养好了伤，冲刺下一个舞蹈比赛。”妞妞的眼神有些闪躲，没有做太多回应，只是“嗯”地回应了一声。

没一会儿，刘静出门买菜了，让岳珊珊帮忙照顾一下妞妞。看到刘静走出家门，妞妞像是松了一口气一般，拉着岳珊珊说道：“珊珊阿姨，其实这次没能参加市里的舞蹈比赛，我一点也不难过。因为我是故意扭伤脚的。”

岳珊珊有些吃惊地看着妞妞，问道：“为什么？”

妞妞回答道：“其实我就是想单纯地跳舞，不想参加比赛。可是妈妈觉得跳舞参加比赛可以拿奖，可以成为我的一个加分项，所以一直强迫我参加各种各样的比赛。这次我实在不愿意参加，所以我只能故意扭伤脚，这样我就可以不参加了。”

岳珊珊疑惑地问道：“不想参加比赛，那你为什么不和你妈妈说呢？”

妞妞委屈地说道：“我说了，我说了好几次了，可是妈妈每次不是说‘跳舞不参加比赛，那还跳什么舞’就是说‘你跳得那么好，不参加比赛可惜了。听妈妈话，妈妈这都是为你好’，反正总是有那么多理由等着我，对我说的话永远无动于衷。次数多了，我就觉得说了也没用，说了也白说。”

交流是双向的。然而，在孩子还愿意和父母说话交流的时候，父母给孩子的回应是怎样的？

经常打断孩子的话，没有耐心听孩子把话说完；将披着善意外衣的“必须按我说的做”，说成“我这是为你好”；无论孩子说得再多，只要是父母不同意的、不符合父母意愿的，统统拒绝倾听；孩子兴高采烈地和父母分享学校的趣事、好玩的发现，父母却能扯到“就知道玩”“不务正业”这些话题上，借机对孩子进行说教。

没有耐心倾听、无尽的说教，这样的沟通方式必然会激起孩子的逆反心理，让孩子不再愿意和父母交流。

想要打开孩子的心扉，想要重新找回那个对你无话不谈的孩子，父母就要做出改变，将“你什么也不用说、不要说，必须都听我的”的沟通方式变成“你说，我听”。简单来说，就是将灌输改成倾听，耐心倾听孩子的想法。

那次谈话的最后，妞妞请求岳珊珊和她的妈妈沟通一下，岳珊珊也同意了。

过了一段时间，妞妞的脚伤好了，重新开始了跳舞。

有一天，岳珊珊陪刘静到舞动培训班接妞妞下课。看着在舞蹈教室认真上课的妞妞，岳珊珊和刘静说起了妞妞故意扭伤脚，逃避比赛的事情。刘静刚开始很生气，埋怨妞妞什么都不跟她说，如果说了，她肯定会遵从妞妞的意愿。

可是岳珊珊的一席话让刘静醒悟："静静，妞妞不是没有和你说。妞妞已经和你说了很多次了，可是你有几次真正把她的话放在心上，又有几次耐心听妞妞把话说完？你如果一直这样一意孤行，不听孩子说的话，不理解孩子的想法，妞妞迟早会做出更过激的事情。"

刘静反思了自己，当天晚上便找妞妞进行了一次谈话。

"妞妞，你故意扭伤脚的事情，珊珊阿姨已经和我说了。"

"你又要训我了吗？"

"不是。我们好好聊聊吧。这次，你说，我听。"

"真的吗？"

"真的。妈妈绝对认真听。"

然后，妞妞就开始对妈妈进行"控诉"，说出了自己心里真实的想法，说出了自己一直以来的压力，还说出了自己长久以来的委屈。无论妞妞说什么，刘静都不反驳，而是安静地倾听。

当妞妞把话说完，刘静说道："以后妈妈再也不逼你参加比赛了，也会做一个合格的妈妈，做你最忠实的听众。所以，

1
妞妞，你故意扭伤脚的事情，珊珊阿姨已经和我说了。
2
你又要训我了吗？
3
不是。
我们好好聊聊吧。
这次，你说，我听。
4

以后你不能再做出伤害自己的举动。”

妞妞高兴地点了点头。从那天开始，妞妞有什么话都会和刘静说，两人简直就像一对无话不谈的好闺蜜。而且，没有了刘静的唠叨，妞妞学舞蹈的态度反而更认真了。

其实，每个孩子都渴求父母能够关注和倾听他们说的话。所以，父母在和孩子交流的时候一定要管住自己的嘴，多听孩子说话，否则孩子只会对你关闭心门，什么都不肯对你说。

4.4 请保持安静，打开你的耳朵

有人在知乎上提出过这样一个问题：“你什么时候最反感你的父母？”众说纷纭，但最多的回答是：“父母唠叨的时候。”

为了孩子长大成才，为了能够教出懂事听话的孩子，父母可谓呕心沥血，生怕一个不小心就会耽误孩子。于是，当孩子犯错了就会迫不及待地指责，或者时刻准备对孩子进行一番说教。殊不知，当父母时刻在做准备的时候，孩子的心里早已筑起了一道抗唠叨的“防火墙”，任凭父母讲出的道理多么有理有据，也穿不透这堵墙。

所以，父母在陪伴孩子成长的过程中，要学会闭嘴、学会倾听，且要做到多听少说。正如苏格拉底所说：“上天赐给每个人两只耳朵，而只有一张嘴巴，就是要求人们多听，少说话。”然而，绝大多数的父母都做不到这一点。

只要周素敏和儿子小涛在一起，周素敏的眼就不离小涛，从小涛起床、洗脸、刷牙，到穿衣、吃饭，再到看书、学习，总之只要小涛在周素敏的面前，周素敏就会不停地对小涛絮叨。

这天周素敏的絮叨明显比往常多了一些，因为上午小涛的班里将举行一场非常重要的班级测试。

“儿子啊，以往的考试我就不说了，不过这次考试你可不能再粗心了。读题的时候一定要认真，拿不准的题就放一放，先做有把握的题。试卷做完以后记得多检查几遍，千万别急着交试卷。”

小涛喝了一口粥，然后“哦”地回了一声。

“考试的工具都带齐了吧？笔什么的都确定没有问题吧？要是有问题，赶紧再去买支新笔，千万不能影响考试啊。”

“知道了。”

“我和你说的都听见了吗？别光顾着吃啊，我说的话，一定要记在心里。”

“嗯嗯。”

“别光‘嗯、啊、知道了’，我说的话你到底听见了没有？”

小涛终于忍不住了，不耐烦地将手里的勺子扔进碗里，说道：“一大早，这些话你反反复复说了三遍了，你说我听没听见？哪怕我是聋子，我也能听见了。”

结果第二天，周素敏看到发下来的考试试卷后，怒了：“我和你说了多少遍了，考试的时候要细心、要多检查几遍。你看看，这几道题明明可以做对的，就是因为你粗心。说了那么多，你都听到哪里了？不该犯的错一样没落下。”

这是很多父母对孩子的教育常态：不停地嘱咐、不停地说教、不停地提醒，为的就是希望能够加深孩子的印象，让孩子铭记于心。但是结果怎样呢？孩子不是将父母说的话当成耳旁风，就是对父母说的话左耳朵进右耳朵出，嘴里给出肯定的回答“知道了”“嗯嗯”“哦哦”，表示听见父母说的话了，可是实际上什么也没听进去。

有些话，父母说一遍就可以，说多了不仅起不到正面的作用，可能还会适得其反，招致孩子的反感。所以，请父母学会保持安静，然后打开你的耳朵，因为只有这样孩子才能更健康地成长。

如果你觉得孩子叛逆、不听话，总是听不进你的“金玉良言”，别着急责备孩子。不妨先试着保持安静，倾听孩子内心最真实的想法。或许你会发现，这样的方式比自己絮叨式的说教更有效。

4.5 多听，孩子才想说；少说，孩子才愿听

“为什么你能很开心地和别人聊很久，能认真倾听别人说的话，怎么就不能好好地听我说话呢？”

这是一个初中生对她父母的喊话。可是这个初中生得到的回应却是：“我们每天好吃好喝伺候你，让你不愁吃不愁穿，我们做父母的哪里做错了？还让你挑起毛病了啊？天天上班累都累死了，回家还得忙活着给你做饭，哪有闲工夫听你说话！”

这或许就是大多父母的一个通病。他们认为和孩子说话、倾听孩子说话根本没有必要，也根本不重要，努力赚钱、给孩子提供更好的物质条件才是正道。

事实真的如此吗？如果真的如此，为什么会有越来越多的孩子对父母产生不满？为什么会有越来越多的父母抱怨“孩子小时候和我们无话不谈，为什么越长大越没有话聊呢？聊了没几句，就开始嫌我们唠叨，嫌我们烦……”

确实，父母在和孩子沟通的时候，常常对孩子说的话是“你别说了，听我说”“你说得不对，你应该……”“你个小孩子懂什么”。父母在说这些话的时候，有没有想过孩子真正需要的究竟

是什么？父母有没有设身处地地站在孩子的角度，倾听孩子内心的想法和需求？如果没有，父母又凭什么要求孩子打开心扉呢？

这天，孙玉洁在下班回家的路上买了两个烤红薯。一回到家，孙玉洁就喊女儿圆圆和老公过来吃。

圆圆兴高采烈地跑过来，拿起一个红薯就咬了一口。然而，圆圆接下来的举动让孙玉洁生气不已，圆圆居然将咬了一口的红薯重新放回桌子上，然后拿起另一个红薯又咬了一口。

孙玉洁怒吼道："你怎么这么不懂事啊？妈妈买了两个红薯，是让你和爸爸一人吃一个。你现在每一个都咬一口，是自私的表现。"圆圆吓得不敢动，低着头吞吞吐吐地说："妈妈，我……我就是想尝一尝哪个更好吃……"

还没等圆圆把话说完，孙玉洁就急着说道：“你什么你，别狡辩，你这就是自私！”听到孙玉洁的苛责声，圆圆的爸爸从书房走了过来，一把把圆圆抱在怀里：“圆圆乖啊，爸爸不吃，红薯都让给圆圆吃。”

听到爸爸这样说，圆圆在眼里打转的眼泪彻底决堤了。圆圆一边抹着眼泪，一边哭着说：“我就是想尝一尝哪个红薯更甜、更好吃，然后把那个给爸爸和妈妈吃……”

父母总是自认为能看透孩子，不认真听孩子将话说完，便凭着自身的臆想对孩子进行一顿批评。父母这种多说少听的行为，不仅会扼杀孩子的善意，更会让孩子关闭心门，拒绝和父母沟通。

法国教育学家帕梅拉·德鲁克曼说过：“即使孩子有不对的地方，父母也有责任倾听并且领会他们的动机。孩子有不同寻常反应时，背后一定是有原因的。父母应该认真倾听孩子，并向他们解释这个世界。”

对于孩子而言，父母如果能够做到少说多听，不仅能让孩子感受到父母温柔如水的爱，更能让孩子感受到父母对孩子的尊重。而且，父母只有多听，孩子才想说；少说，孩子才愿听，少说多听才能构建和谐融洽的亲子关系，进而引导孩子走向正道。

朱自清在《沉默》中提道：“沉默是一种处世哲学，用得好时，又是一种艺术。”希望所有的父母都能用好这门艺术，因为父母多听，孩子才想说；少说，孩子才愿听。

第五章

思维改变：

从我想怎样到他想怎样

5.1 包办的父母最失败

在“中国式过马路”“中国式婚姻”之后，又一个“中国式”词汇引起了众人的热议——中国式父母。

设计师张杰说：“我小时候，穿什么衣服、戴什么帽子都是我妈直接帮我准备好的，初中、高中时上的各种补习班也是我妈直接帮我报的。不仅我，我身边同学的父母也大多如此。”

小学老师林安丽说：“很多家长认为在学生时代孩子的主要任务就是学习，只有把学习成绩搞上去才是正事。所以在生活中，家长总是喜欢帮孩子包办一切。这就导致孩子十分依赖父母，比如有些学生忘记带作业本了，告诉我的理由就是，爸爸妈妈没有帮我把作业本装进书包里。”

上海社会科学院青少年研究所所长杨雄说过：“习惯包办孩子个人事务的父母被称为‘直升机父母’，他们对孩子的包办不仅包括日常生活，还包括读小学、中学、大学，以及是否应该出国等，从时间维度和空间维度来全方位设计孩子的一生。”

恰如中国教育家陶行知所说：“国民的命运，与其说是操在掌权者手中，倒不如说是握在父母手中。”

一直以来，肖薇的父母都为其包办一切，从来不让肖薇插手家务事，有些甚至需要肖薇自己做决定的事情，肖薇的父母也是一手操办。有时候肖薇会反抗，肖薇的父母就会以“你做不来”“你不行”“你还太小”为由说服她。

小时候，肖薇也是一个爱说爱笑的女孩，可是肖薇的父母总是会时不时指责“小孩子话不要太多”“你安安静静待着就好”“只能乖乖坐在这里看小朋友玩儿”……渐渐地，肖薇变得沉默寡言。

初中的时候，各种补习班已经压得肖薇喘不过气来。于是，肖薇向父母提出想要买个随身听，目的就是想要在繁重的课业之余得到片刻的放松，可是肖薇的父母却买了一台复读机，想要锻炼肖薇的英语口语能力。本就是肖薇不喜欢的东西，所以肖薇也只是象征性地用了几次，便将它打入了

“冷宫”。

高中文理分科的时候，肖薇打定主意要学理科，可是肖薇的父母以“学文科以后能找到安稳工作”为由，强行让肖薇选择了文科。

高考填报志愿也是肖薇的父母一手安排的。他们以“会计专业就业率高，好找工作”为由，帮肖薇填报了会计专业。而肖薇从骨子里就不喜欢这个专业。

大学毕业后，肖薇的父母更是包办了肖薇的工作，将肖薇安排在了亲戚家的公司做会计工作。

从小到大，肖薇人生的每一步都按照父母给她指定的方向前进。她早已丧失了自己的主见和独立思考的能力，也没有独立办事、独当一面的勇气，再加上不善言辞，所以即使已经参加工作多年，肖薇仍没有取得任何成就。

回首自己的成长经历，肖薇曾说过这样一段话：“现在我也已经为人父母，我一定不会重蹈我爸妈的覆辙，包办孩子的一切。孩子小时候走弯路不怕，就怕长大了会走更多的弯路。小时候不能经受挫折的考验，风一吹就倒，那还谈何成材成器。我就是活生生的例子。”

肖薇的父母是“中国式父母”的典型代表，明明心里对孩子有满满的爱，事无巨细地帮孩子做安排，生怕孩子做不好，可是最终却得不到想要的结果。有时孩子还会完全不领情，使得很多父母发出“我怎么如此失败”的悲叹。

经历风雨后方能看到彩虹，孩子的成长也不例外。为了能够使孩子成长得更顺畅，父母常常会帮孩子做出选择包办一切，然而承担后果的是孩子。一旦这个选择出现了问题，孩子就会埋怨以及后悔听从了父母的选择。但如果这个选择是孩子自己决定的，孩子虽然会伤心、惋惜，但不会埋怨父母。正因为这样，在孩子心中“包办型父母”是不好的存在。

天下没有不爱孩子的父母，父母照顾孩子、养育孩子没有错。可是在养育孩子的过程中，父母也需要分清楚什么才是真正的爱。爱孩子不是帮孩子包办一切，而是要指向分离，就是在孩子成长的道路上要做孩子的搀扶者，而不是替代者。具体而言，就是父母应该在内心建立起一种“放开手”的思维方式，教会孩子生存和生活的能力，将孩子培养成会选择的人，而不是直接给孩子创造捷径。

父母一定要摆正自己的心态，不要帮孩子包办一切，要学会放手。可能刚开始的时候，父母会不习惯，总是担心孩子这也做不好，那也做不好，但是时间久了你就会发现，孩子的能力远远超乎你的想象。

5.2 你给的往往不是孩子想要的

父母对孩子的期待有哪些？

性格上：勇敢、开拓、敢于担当、积极进取、独立、孝顺……

事业上：从颇有建树到功勋卓著，再到锦绣前程……

再多美好的词语，贪心的父母都不会嫌多。然而，父母贪心给予的，确实是孩子想要的吗？思考这个问题之余，先看一个小故事。

一天，小白兔去钓鱼，钓了一天一无所获。第二天，小白兔又去钓鱼，还是一无所获。第三天，小白兔又来了。这次还没等小白兔将鱼钩甩进河里，一条大鱼就从水里跳了出来，并对着小白兔怒吼道："你要是再用胡萝卜做鱼饵，我就狠狠揍你一顿！"

没错，很多时候父母就是那只兔子，孩子就是那条鱼，而父母给予孩子的就是胡萝卜做的鱼饵——这鱼饵对父母来说很美味，但并不是孩子想要的。

确实，父母常常以"我这是为了你好"为前提，否认孩子的选择。也有父母以"我这是为了你好"为借口，帮孩子做决定、做选择。因为想要孩子更出色，所以总是对孩子耳提面命、再三督促，从孩子说话如何发音，到孩子该玩什么、穿什么都要规定。如果孩子有哪一项没有达到父母的期望，就会受到父母的批评。

可是这样的“我这是为了你好”式的给予，并不能收到父母想要的效果。比如孩子要玩这个玩具，父母立刻说“不可以，只能玩其他的”，孩子会说“我就要玩那个”；孩子要玩游戏，父母马上说“不可以，去做作业”，孩子会说“我偏不”……

为什么会这样？因为这种给予更多的是管制。管制是教育吗？当然不是。如果管制是教育的话，那么教育将是一件极其轻松的事情，世界上也将不再有恨铁不成钢的哀叹。

教育家陶行知曾经说过：“教育孩子的全部秘密就在于相信孩子和解放孩子。”换言之，就是不要给孩子设定过多的框架。如果父母将所有的事情都为孩子定好框架，比如应该穿什么衣服、买什么玩具、什么时候写作业、应该怎么写好作业，将会扼杀孩子的天性，孩子只能成为父母的一个很好的附属品，而不是一个独立的个体。

其实，每个孩子都是一个全新的、独立的个体。他们就如同一颗颗深藏无限蓬勃生气和潜力的种子，只有在合适的自然条件下才能健康成长，进行自我塑造、自我表达，从破土而出，到生出根茎，长出叶片，再到开出花朵，结出果实。如果此时父母能如农人般，在需要给予的时候给予，该放手的时候放手，例如该浇水的时候浇水、该施肥的时候施肥，而不是不管不顾只是一味地浇水、施肥，那么孩子一定能成长得更好。

在这一点上，圆圆的妈妈的做法值得一提。

小时候，圆圆兴高采烈地对妈妈说：“妈妈，长大了我要当护士，因为可以给别人打针。”圆圆的妈妈说：“好啊，很不错哦。”

没过几天，圆圆又说：“妈妈，长大了我要当农民，这样我想吃什么菜就种什么菜！”圆圆的妈妈说：“种菜也不错哦，那你可以种一些妈妈喜欢吃的菜吗？”

换作别的父母，可能会苦口婆心劝孩子：“别当护士，当医生更好；千万不能当农民，风吹日晒的，太辛苦了。”但是圆圆的妈妈却不以为然，她这样说：“孩子的人生不是靠我们当父母以为的好坏来决定的，父母加载在孩子身上的好不一定是最好的，我能做到的就是给孩子一个自由宽松的现在。因为只有在这种平常心态下，孩子才更有可能成为杰出的人。”

长大后的圆圆虽然没有成为护士，也没有成为农民，但她成了一名出色的新闻工作者。

所以，从现在开始，请家长清晰地认识到在孩子成长过程的某个阶段或者某些发展方面，在教育孩子的时候需要改变一下方法，以前那种一味地强制性给予的方法肯定是行不通的。家长需要静下心来，转换思维，不要再一味铆足了劲儿地去给予，毕竟无用的给予只会扰乱孩子正常的生长秩序。更可怕的是，如果这种秩序被扰乱，将是不可逆的。

请相信孩子不会因为你给予得太少而停止生长，更不要相信孩子会因为你给得太多，管制的太多就会加速生长，毕竟你给予的不一定是孩子想要的。

5.3 不要把想法强加给孩子

“父母之爱子，则为之计深远。”正因为此，几乎所有的父母在孩子刚刚出生，甚至还没有出生的时候就已经为孩子规划好了一切——什么时候上早教课；上哪所幼儿园、小学、初中、高中；需要上什么课外辅导班；应该报什么兴趣爱好班；以及应该从事什么样的职业……父母都为孩子一个不落地规划到位。

殊不知，孩子虽然是通过父母来到这个世界上，但是他们也是一个独立的个体，而非父母的附属品。他们有自己的想法，有自己的爱好，有自己想要去做的事情。

一直以来，乔雨菲就是一个比较强势的人。有了女儿多多以后，乔雨菲又把这种强势沿用到多多身上。比如，多多想出去和小朋友一起玩，乔雨菲却认为这个时候就应该待在家中锻炼身体，以免晚上锻炼的时候吵到楼下的邻居。多多不想这么做，可是强势的乔雨菲会要求她按照自己的意思做。

她会板着一张脸，严厉地对多多说：“你怎么那么不听话啊，妈妈让你怎么做你就怎么做，为什么一定要和妈妈对着来呢？你就不能像别人家的孩子一样，做个听话的好孩子吗？”

此时多多就会带着哭腔，委屈地说：“为什么你总是将你的想法强加给我呢？我就是想要按照我的想法来，我就是想要出去找小朋友玩，出去玩也能锻炼身体啊，为什么你总是强迫我呢？”

多多的学校开设了兴趣课程，孩子们可以根据自己的兴趣爱好选择相应的课程。多多一直以来就很喜欢画画，所以坚持要报绘画课，但是乔雨菲却想要多多学习弹钢琴。因为小时候乔雨菲的梦想就是学习钢琴，但是由于家庭原因未能如愿。正因为此，乔雨菲迫切希望孩子学习弹钢琴。

于是，乔雨菲和多多“商量”，列举了学钢琴的种种好处，然而多多却无动于衷。乔雨菲彻底生气了，厉声呵斥道：“妈妈是为你好，你为什么就是不听呢？”

多多委屈地说道：“妈妈，您说过我可以按照自己的意愿做自己想做的事情，为什么您总是说话不算话呢？”

父母总是打着“为孩子好”的旗号，替孩子做决定，总以为孩子什么也不懂，所以从来不和孩子商量，或者打着“商量”的旗号强硬执行。殊不知，孩子什么都明白，只是父母从来不会用心去倾听、去了解孩子的想法。

其实细究之下，父母的想法和孩子的想法没有谁对谁错，只是看待问题和事情的角度不同而已。

出去玩，父母看到的是孩子会分心，不利于好好学习；孩子看到的却是内心的欢愉和身体的放松。报兴趣班，父母看到的是自己儿时未完成的梦想；孩子看到的是自身爱好能实现的喜悦感。

孩子与父母发生冲突，父母看到的是孩子不知感恩，不懂礼貌，不明白父母的良苦用心；孩子看到的是父母的想法不对，自己就要表达出来，有想法就应该告诉父母，从而摆脱他们的控制。

父母看到的是 A 面，用 A 的标准去要求孩子；孩子看到的是 B 面，所以用 B 的标准去反抗父母。

这就造成了这样一种局面：孩子在父母眼中的样子是“我希望你好好锻炼、学习，你却心不在焉；我希望你有个远大前程，你却嗤之以鼻；我希望你尊敬长辈，你却没有规矩。”父母在孩子眼中的样子是“我想要自由，你锁住我；我想要实现梦想，你却是我的拦路虎；我想要证明我是那个‘别人家的孩子’，可是你却一直在羡慕别人家的孩子。”

父母和孩子就像跷跷板的两端，父母在一端，孩子在另一端。父母陪着孩子成长的过程中，不是为了一决高下，而是要不断去寻找一种平衡，这样才能让孩子在健康、愉悦的环境中成长。所以，父母千万不能将自己的想法强加给孩子，对于一些非原则性的问题，父母完全可以尊重孩子的意愿，放手让孩子去感受、去拼搏、去做。如果父母一味地将想法强加给孩子，牢牢地压着跷跷板一端不放松，孩子只能被高高地禁锢在跷跷板的另一端，孩子不乱动则已，一乱动必会导致严重的后果。

曾经有一个名叫《零零后》的教育类纪录片，该片导演从2006年开始，持续十年对十几位零零后进行跟踪记录，就是为了探索在不同的家庭教育方式下，会给孩子的成长带来怎样的影响。

在纪录片中，有一个“特别”的小女孩。她不像别的小朋友一样，喜欢和周围的小朋友一起玩耍，而是喜欢独处，一个人吃饭，一个人睡觉，一个人看书，一个人玩耍。正如她自己说的那样：“我就喜欢一个人玩儿，每个人都有自己的选择。”

小女孩的这种行为，在大部分家长看来绝对是一个严重的问题，觉得孩子必须要改正。但是小女孩的父母没有，他们没有强迫、勒令孩子必须去和小朋友一起玩耍，必须走出家门去社交，而是给了小女孩更多的空间。随着纪录片的推进，小女孩慢慢长大，在成长的过程中，她依然喜欢独处，但是她并不觉得孤单，因为她交到了能和她和谐相处的好朋友。也正是因为那些独处的日子，让小女孩长成了一个思路清晰、见解独到的女孩。

实践证明，父母千万不能将自己的想法强加给孩子，因为你强加给孩子的未必是适合孩子的。正如《零零后》导演所说的那样：“孩子不是泥巴，不能捏成你想要的样子。”

父母选择什么样的教育方式，往往只在一念之间，却会引领孩子走向完全不一样的成长轨道。所以，对于孩子的教育，父母需要做的是懂得发现并能够顺应孩子天性，用心去了解孩子、倾听孩子的想法，呵护孩子成为独特的人；而不是控制并扼杀孩子天性，代替孩子找一条父母以为的平坦大道，让孩子做什么都按部就班。

5.4 让孩子的成长自由一些

为了不让孩子吃苦，父母拼了命为他们提供最好的生活环境。可是如果父母给予的爱让孩子感觉窒息，让孩子感觉不自由，这种爱是真正的爱吗？或许可以用著名的教育工作者孙云晓说过的一句话来回答："中国的父母正在辛辛苦苦地酝酿着孩子的悲剧命运，争分夺秒地制造着孩子的成长苦难。实际上，我们的父母在和自己作战，用自己的奋斗来击毁自己的目标。"

西方有这样一则流传了很久的寓言故事，大家读后也许能从中得到一些启迪。

在森林深处生活着五只狐狸——狐狸妈妈带着四只小狐狸。在狐狸妈妈的悉心呵护下，四只小狐狸健康且茁壮地成长着。狐狸妈妈对四只小狐狸的呵护，不仅体现在小狐狸的吃喝上，而且会严格地训练小狐狸们如何捕猎，如何奔跑得更快，如何躲避猛兽的追捕，以及如何识别陷阱的技能。

日子一天天过去，四只小狐狸也终于长大了。有一天，狐狸妈妈把四只小狐狸叫到身边，并告诉它们：“从今天开始，你们要自己出去历练，不能再待在我的身边了，以后的路需要你们自己走。”

四只小狐狸很震惊，还没等它们反应过来，狐狸妈妈就将它们赶出了洞穴。无论小狐狸们怎样反抗，如何恳求，狐狸妈妈都不为所动。为了让小狐狸们离开，狐狸妈妈甚至像对待敌人一般撕咬着它们，最终四只小狐狸依依不舍地离开了妈妈，各自走向森林深处。

森林中危机重重，四只小狐狸不敢有丝毫懈怠。但是很不幸，一只小狐狸被猎人猎杀了，一只小狐狸被豹子咬成了重伤，一只小狐狸被河流冲走淹死了，最终只有一只小狐狸活了下来。在不断地拼搏、历练中，这只小狐狸成了森林动物不敢侵犯的丛林之狐。

或许会有人质疑狐狸妈妈对小狐狸的爱，可是这就是狐狸妈妈对小狐狸们的大爱。狐狸妈妈在教会小狐狸们生存的技能之后，把它们推出了“安乐窝”，让它们自己去面对生活的考验。狐狸妈妈懂得只有与孩子分离才能让它们独立，只有断乳才能让它们成长，只有放手才能让它们成材。

狐狸妈妈都懂得“让孩子的成长自由一些”这个道理，为什么大多数父母却不懂呢？

世上所有的爱都是以凝聚为目的的，唯有一种爱例外，那就是父母对孩子的爱，它是以分离为目的的。所以，请身为父母的你改变思维、调整心态，尽早将孩子当成一个独立的个体看待，要舍得放手，让孩子以他独立且自由的人格去感受这个世界。

1
2
从今天开始，你们要自己出去历练，不能再待在我的身边了，以后的路需要你们自己走。
3
4

5.5 放手不等于放纵

因为奉行“要给孩子爱和自由，要尊重孩子的选择和思想”，所以只要是孩子要求的，无论要求是否合理，父母都会满足；孩子犯的错误，即使已经涉及做人的根本，父母也不会疾言厉色地批评或教育；孩子在学校被老师批评，不去考虑孩子犯了什么错误，反而质问老师和学校；孩子受了委屈，家长总是不管不顾地为孩子讨回公道……

在孩子的成长过程中，确实需要父母放手让孩子自由成长。但是放手不等于放纵，完全没有限制的自由只能变成对孩子的宠溺。如此一来，孩子最终只能成为一个被纵容过度的熊孩子。

如果父母要放手，这种放手式的教育一定要建立在孩子智商、情商达到一定成熟的基础之上。也就是说，如果事情是超出孩子认知和能力范围的话，父母则不可以放手让孩子去做，否则放手必会变成放纵，后果不堪设想。例如，有的孩子还不知道拿棍子戳人、爬到高处会给他人和自己造成怎样的伤害，只能凭着感觉做自己想做的事情，此时孩子的父母就需要及时制止并对孩子进行说服教育。而对于那些孩子能做的事情，父母大可以放手让孩子自由去探索。例如，随着孩子逐渐成长，孩子的动手能力会逐渐完善，此时父母可以帮助和指导孩子洗手、洗脸、刷牙等，让孩子养成良好的卫生习惯。

总而言之，父母一定要正视放手与放纵的区别，明白放手不等于放纵。当孩子的错误逐渐显露出来的时候，父母就要审视孩子的问题以及自己的教育方式。因为如果父母继续秉承放手教育，视而不见孩子的问题，那么问题就会发展到无法解决的境地。

洲洲的妈妈就是一个很好的典范，她能发现自身教育存在的问题并及时改正。

洲洲的妈妈一直以来采用的都是严格管教的教育方式，但是收到的效果总是微乎其微。经过一段时间的深思熟虑，洲洲的妈妈决定改变教育方式——放手一搏，让孩子自由成长。

洲洲的妈妈放手以后，洲洲得到了解放，像一只冲出牢笼的小鸟一般，每天玩得不亦乐乎。在监督孩子做作业这方面，洲洲的妈妈也对洲洲放手了。洲洲的妈妈不再三令五申地要求洲洲去做作业，而是告诉洲洲“做作业是你自己的事情，你自己看着办吧”。听到妈妈这样说，洲洲觉得自己彻底解放了，每天一放学就在外面疯玩，即使天黑了也舍不得回家；回到家后，匆匆吃过饭便一头扎进房间写作业，然后又出门找小伙伴玩耍。

看到洲洲每天的状态，洲洲的妈妈像热锅上的蚂蚁，心里着实着急。但她并没有大声斥责洲洲，而是平静地找洲洲聊了一次。不曾想，洲洲却振振有词地说：“妈妈，你不是说学习是我自己的事情吗？我心里有学习计划。随后，洲洲便开始头头是道地讲述他的学习计划。有计划，但是洲洲根本管不住自己，所以计划一次次被搁浅。对此，洲洲的妈妈一次次告诫自己：“要放手，让孩子自己去学习、去生活。”

可是事情越来越糟糕。洲洲的作业写得越来越马虎，字迹也变得潦草不堪，明明很简单的作业也错误连连 显然洲洲的心思完全没有放在写作业上。洲洲的妈妈又找洲洲聊了一次。这次洲洲的妈妈仍然没有发火，而是温言软语地指出洲洲的问题，不料洲洲却这样回答：“妈妈，我那天和小伙伴约好了踢足球，所以随便写了一下，毕竟一道道算、一笔笔规整地写太浪费时间了。”

晚上躺在床上，洲洲的妈妈思虑良多、辗转难眠：“难道是自己放手放得太早了？”

第二天，洲洲的妈妈向她的闺蜜徐静取经。徐静一下子点醒了洲洲的妈妈：“不是你放手放早了，而是放手不是什么都不管，你这种做法不叫放手，叫放纵。”

洲洲的妈妈回想之前自己的所作所为——对洲洲的学习、功课不管不顾，看到孩子的问题也只是蜻蜓点水般地提醒一下，不做任何约束。她不禁感慨：“原来我只顾着放手，没有对孩子加以引导，让放手变成了放纵。放手不是什么事情都不管，让孩子自由成长，而是要有技巧地管。”

明白这个道理之后，洲洲的妈妈改变了思路：在放手的同时要对孩子加以引导。”于是，洲洲的妈妈开始陪洲洲梳理需要做的事情。例如，学习、踢足球、画画，她会告诉洲洲这三件事的关系，接着引导洲洲应该先做什么，后做什么，然后让洲洲自己选择应该如何做计划。

在妈妈的引导下，洲洲确实做得很好。在他的计划中，学习是最重要的事情，然后是踢足球，晚上吃完晚饭以后再画画。洲洲是如此计划的，也是按这个计划进行的。放学回到家，洲洲会坐在学习桌前认认真真把作业写完，数学题一道一道地计算，字也会一笔一画规整地去写；做完作业后洲洲就会约上小伙伴一起去踢足球；晚饭后洲洲还会让妈妈陪他一起画画。真可谓学习玩耍两不误。

孩子就像在天上飞翔的风筝，只有线被父母拽在手中，风筝才能飞得更高更远；一旦线断了，风筝就会失去控制，不受控制的风筝就会失去方向，最终掉下来。所以，父母可以放手让孩子自由成长，但是一定要拽紧手中的线，别把放手变成了放纵。

第六章

方式改变：

从注重分数到注重品格

6.1 考不到 100 分又怎样

英国文艺复兴时期的哲学家培根说过：“对一个人的评价，不可视其财富出身，更不可视其学问的高下，而是要看他的真实的品格。”

可是现实生活却并非如此。越来越多的父母将分数当成评判一个孩子优秀与否的标准，更有甚者将分数当成唯一的标准。这些父母对孩子所考得的分数格外敏感——当看到孩子考了 90 分、100 分的时候就会喜笑颜开，甚至采用金钱等物质形式对孩子进行奖励；当看到孩子只考了 60 分甚至更低的分数时，他们会暴跳如雷，板着脸对着孩子就是一顿数落，甚至动用武力。所以，当孩子考了低分时，为了逃避父母的责罚，有些孩子会采用错误的方式。比如，将试卷上的低分数偷偷改成高分数来欺骗父母。

葛强就是这些孩子中的其中一个。

葛强的数学学科一直是他的弱项。尽管他已经十分努力，也做了充足的考试准备，但是他的数学成绩还是很不理想，在第二次模拟统考中只考了 75 分。看着手中的数学试卷，葛强无比沮丧，思绪一下子回到了第一次模拟统考公布成绩的时候。

上次考试，葛强的数学同样没有考好。当葛强迈着沉重的脚步回到家后，葛强的爸爸就迫不及待地问道："怎么样？这次考试考得如何？"葛强一边从书包里往外掏作业，一边说道："爸爸，考得还不错，可是就是我的数学……"没等葛强说完，爸爸脸上的笑容便不见了，取而代之的是万分严肃的表情。然后，葛强的爸爸板着一张脸说："我不管你什么可是，我要的是你每门成绩都不能低于95分。你只要告诉我，你做到了吗？"

葛强低着头，不停地揉搓着双手，说道："对不起爸爸，我没有办到。数学一直是我的弱项，我其他学科都考了95分以上，数学只考了80分。但是，爸爸我们班还有不及格的同学呢……"

葛强的爸爸打断了他的话："你怎么就不能和优秀的孩子比一比呢？就知道和成绩差的同学比，你能不能有点上进心？我问你，你们班数学有没有考95分以上的？"

葛强轻轻地点了点头，葛强的爸爸更生气了，大声说道："你看看别人都能考95分以上，为什么你不能？我告诉你，下次考试你一定要考95分以上！只有这样在考初中的时候，你才能考上重点初中。你考得分数越高，你未来才能越有出息。下次模拟考试你一定要让各科成绩都在95分以上，这是给你的命令，你必须记住。"然而，葛强第二次模拟考试的数学成绩还不如第一次的成绩，更别提达到爸爸要求的95分了。

"我该怎么办？"在放学的路上，葛强一直在想这个问题，并自言自语道："要不然，和爸爸坦白吧！坦白从宽，爸爸一定会原谅我的。”可一想到上次爸爸生气的脸，葛强就有种不寒而栗的感觉：“要不然把试卷扔了，骗爸爸说考试成绩还没有出来？不行不行，爸爸一定会给老师打电话确认的，到时候我会更惨；要不然离家出走？但是我又能走到哪里去呢……”

实在走投无路了，葛强想了一个办法，那就是将试卷上的分数改了——把数学分数“75”的“7”改成了“9”。葛强在心里安慰自己：“就干这一次，没关系，下次我再努力就可以了，下次我把数学成绩提高到95分甚至100分不就可以了吗？”

为了逃避爸爸的责备，葛强真的将分数改了。看到葛强突破自我，数学成绩考到了95分，葛强的爸爸高兴极了。作为对葛强的奖励，也为了鼓励他再接再厉考到100分，葛强的爸爸给他买了心仪已久的随身听。可是葛强偷改数学成绩这件事还是东窗事发了。

一天，葛强的爸爸妈妈带着葛强回爷爷奶奶家吃饭，碰巧葛强的姑姑也在。葛强的姑姑并不知道葛强偷偷改数学成绩的事情，开始安慰葛强：“听你哥哥说，你这次数学成绩没有考好，只考了75分？没事，再接再厉，我们争取下次考好点儿。”葛强的爸爸妈妈这才知道葛强居然学会了骗人。

葛强的爸爸妈妈并没有当场揭发葛强，吃完饭回家的路上，葛强的爸爸妈妈也没有说一句话。到家后，葛强迅速跑回了房间，葛强的妈妈示意葛强的爸爸先回房间，她和葛强先谈一谈。

葛强的妈妈敲了敲葛强的房门，得到同意之后进了葛强的房间，只见葛强坐在床边在偷偷地哭。

葛强的妈妈摸着葛强的头说道：“这次考试是不是没考好啊？”

“是，我没考好，我怕爸爸责备我，所以偷偷把分数改了。”葛强小声地说道。

“宝贝，你要记住，品格永远比分数重要。考试没考好，没有考到 95 分没有关系，重要的是人的品格不能虚伪。说了一次谎，就需要用更多的谎言来圆之前的谎，骗一次人尝到了甜头，就会骗第二次、第三次。考不到 100 分没关系，关键是品格要永远都是 100 分。”

葛强擦掉脸上的眼泪，坚定地点了点头说道：“妈妈，我一定努力，分数和品格都要拿 100 分。”

葛强的妈妈给葛强上了深刻的一课。葛强的妈妈说的话值得很多父母铭记——孩子考不到 100 分又怎样，重要的是孩子的品格要 100 分。

父母在注重孩子学习成绩的时候，也一定要记住，除了考试成绩以外，培养孩子优良的品格同样重要，千万不要让高分数拖累了孩子的品格。

6.2 60 分的孩子都是坏孩子吗

美国教育家斯宾塞说过:“身为父母,千万不能太看重孩子的考试分数,而应该注重孩子思维能力、学习方法的培养,尽量留住孩子最宝贵的兴趣与好奇心。绝对不能用考试分数去判断一个孩子的优劣,更不能让孩子有以此为荣辱的意识。”

考试只不过是对孩子学习成果的一种检验方式,分数也不过是对孩子学习成果的一种展现方式,是测评孩子学业的一个参数。父母不能只用考试分数的高低来评判一个孩子优秀与否。

然而,在竞争如此激烈的社会中,在几乎只有成绩才能决定孩子是否能升学的当下,分数已经成了父母眼里的一切。

上学的时候,赵琦一直是学霸级的人物,不仅每次考试是年级第一,更是每年都拿奖学金。结婚怀孕以后,为了生出一个优秀的宝宝,赵琦一直在做着各种各样的努力。例如,每天保证充足的睡眠时间,每天补充各种所需营养品,在保证孩子健康成长的前提下做适当的运动,给孩子放音乐、做胎教,每星期准时准点去上胎教课。可以说,为了最大程度做到“优生优育”，赵琦是下足了功夫。

终于在众人的期盼下，赵琦的儿子天天出生了。看着怀中小小软软的天天，赵琦心里乐开了花，心想：“将来我的孩子一定是最聪明的那个，一定能成为所有人都夸赞的‘别人家的孩子’。”

然而，天不遂人愿。天天上幼儿园的时候，学东西、玩游戏总是比别的小朋友慢半拍，赵琦虽然有些担心，但没有放在心上，因为她认为孩子太小，总需要一个适应的过程。可是直到天天上小学，还是原来的样子，学知识永远比同班的孩子慢半拍。不止学知识慢半拍，天天的考试成绩也让赵琦备感挫败，分数基本都是在及格线60分以下。

这让曾经夸下海口称“我家的孩子一定能继承我的优点，长大后肯定也是学霸一枚”的赵琦备感尴尬。所以，当朋友、邻居问天天考试成绩的时候，赵琦都会找各种各样的借口搪塞过去。在单位午休的时候，赵琦经常和同事们聚在一起聊天，但是一听到同事们将话题转到孩子上面，她就会以上厕所或者去接一杯水等为借口逃离聊天现场。当天天学校开家长会的时候，赵琦更是会挑一个最不显眼的地方坐下。当班主任在台上讲话的时候，赵琦更是不与班主任产生任何的眼神交流。

其实，对于天天的学习，赵琦夫妇可谓竭尽全力。赵琦和丈夫都是学霸级的人物，为了提高天天的成绩，赵琦和丈夫分工合作丝毫不敢懈怠，赵琦负责辅导天天的语文和英语，赵琦的丈夫负责辅导天天的数学。可是尽管赵琦夫妇费尽心力辅导，天天的学习成绩仍旧没有发生任何变化。

“难道是我们辅导的方式有问题，需要请专业的辅导老师才行？”抱着这样的疑惑，赵琦花高价为天天请来了一位辅导老师，对天天进行一对一的辅导。可是天天的成绩依旧没有任何起色，考试分数仍旧在60分以下。

每次天天拿着不及格的卷子让赵琦签字的时候，天天都是一副小心翼翼的样子，嘴里还会小声地说道：“妈妈，对不起，这次我又没有考好，我知道错了，下次我一定努力。”看着天天因为长时间高强度的学习戴上厚厚眼镜的模样，听着天天诚恳的话语，想起天天每天晚上都很晚睡觉，只为了完成老师和辅导老师留的作业的情景，赵琦心里总会难过又心疼：“这么懂事的孩子，为什么学习成绩就是上不去呢？大概是孩子真的没有学习的天赋吧！”

既然没有学习的天赋，那又何必强求。后来，赵琦便放下了“孩子一定要考高分、考满分”的执念，也不再逼着天天每天拼命地学习。放下执念之后，赵琦惊奇地发现，孩子非常喜欢研究小动物。为了让天天近距离研究小动物，赵琦带着天天走进了博物馆，走进了大自然。再然后，赵琦惊奇地发现，天天能够将在课本上学到的理论和大自然中的实际相结合。虽然天天的学习成绩还是没有突破60分，但是赵琦看到了希望。

一天，赵琦在校门口接天天放学的时候，天天举着一张奖状拼命向赵琦跑过来。等跑到赵琦面前的时候，天天已经气喘吁吁，但是他还是迫不及待地说道：“妈……妈妈，我……我被老师……表扬了……老师……还给了我……一张奖状。”赵琦有些吃惊，拿过天天递过来的奖状，上面赫然写着“三好学生”几个大字。

赵琦有些不敢相信这是真的。这时天天的班主任正好走了过来，说道：“天天现在表现很棒，虽然考试成绩不理想，但是天天现在明显开朗了很多，和班里的同学也相处得很好，总会热心地帮助同学，而且有很强的组织能力。所以才会被评选为品格好、人缘好、思想好的‘三好学生’。”

听到天天班主任这样说，赵琦才意识到虽然天天的分数一直没有突破60分，但他一直是一个乐于助人、乖巧懂事的好孩子。比如，当赵琦下班后在家还忙工作的时候，天天会主动帮助妈妈收拾碗筷、做家务；当爸爸带着一身疲惫回到家的时候，天天会主动帮爸爸拿拖鞋、倒水。

这些都是天天优秀的品格表现。原来在赵琦盲目追求高分数的时候，天天的这些优秀的品格都被她自动屏蔽了。这时赵琦才终于醒悟，原来考 60 分的孩子不一定是坏孩子，考 60 分的孩子也可以是具有优秀品格的好孩子。

所以，别再用分数作为评判一个孩子是否优秀的唯一标准。在关注孩子考试分数的时候，父母同样要关心孩子的品格培养。因为相较于分数而言，品格往往才是衡量一个孩子将来能够取得多大成就的最重要的标准。

6.3 失去品格的高分等于零

先给大家做一个假设。如果将一个孩子的左脚比作学习成绩，即各门功课都能拿到100分，至少是90分以上，在班级里面的排名始终位于前三；而将他的右脚比作优秀的品格，即拥有抗挫折能力、勇于担当的责任感、乐于助人、自信阳光、专注细心等。那么，这个孩子在未来的发展过程中，尤其是步入社会以后，依靠左脚走得更稳、更远，还是依靠右脚走得更顺、更快呢？

如果说这是一道单选题，相信很多父母一定会选择“右脚”。诚然，如果没有优秀的品格，即使成绩再好也无法走远，因为失去品格的高分等于零。

高分就像是吊威亚的演员，而优秀的品格就像是拴在演员身上的安全绳。如果演员在没有安全绳的保护下吊威亚，吊得越高，危险越大；而有了安全绳的保护，演员吊得越高，获得的掌声也就会越多。

对于父母来说，应该给予孩子良好的品格教育，让优秀的品格成为孩子步入社会、走向未来的基石。因为我们在实际生活中已经看过太多获得高分的孩子，却由于缺乏优秀的品格，比如经不起挫折、失败、困难的打击等，最终落得默默无闻、碌碌无为的下场。

王猛的大女儿王霞是一位名副其实的“学霸”。她从小学到高中学习成绩一直名列前茅，但除了学习，其他的事情她都置之不理。

在学校，其他同学在课间休息玩闹的时候，她总是在埋头读书，即便有同学叫她一起玩，她也总是不予理睬。在老师眼中，她就是其他同学的标杆和榜样。每次考试结束，她都会被老师“拿来”标榜一番：“王霞同学在本学期，学习成绩优异，数学100分、语文99分、英语99分，特发此证（第一名奖状），以资鼓励。同时，其他同学也要好好学习了，尤其是要学习王霞同学，向她看齐，要以王霞同学为榜样！”

顺理成章，王霞也成了全班同学所有家长口中“别人家的孩子”，甚至让其他同学的父母羡慕。

在家里，因为成绩优秀，王霞也被父母捧在手心，视为掌上明珠，家务活从来不让她做。凡是王霞提出的要求，王猛夫妇一般都会有求必应。即便王霞做错了事，只要不会影响她的学习，王猛夫妇也从不对她进行批评、责骂和教导。

在王猛夫妇看来，王霞最重要的事情就是好好学习，别的事情都无关紧要，成绩就是王霞的生活全部。然而，正是因为这种家庭教育方式，让王霞沉浸在了优秀的成绩带来的优越感中，同时也助长了她的一些坏品格，比如嚣张跋扈、争强好胜、不懂得忍让等。

有一次，与王霞年龄相差一岁的妹妹王秋，不小心将王霞的水杯打碎了，她连忙向王霞道歉：“姐姐，对不起，我不是故意的，我用自己的零花钱重新给你买一个，你不要生气。”

虽然王秋被吓得说话的声音都有些颤抖，而且满脸都充满了歉意，但是王霞还是不依不饶：“你眼瞎吗？走路都不知道看路吗？这可是我最喜欢的一款水杯，是老师奖励我的，你买的和我这个水杯的意义能一样吗？”王霞越说越生气，于是气冲冲地跑去找王猛告状了。

王猛得知情况后，不分青红皂白就把王秋叫过来一顿数落：“你知道你姐姐的水杯有什么意义吗？那可是成绩的证明，你怎么就这么没有眼力见儿！你知道你姐姐多生气吗？你再买一个也弥补不了这份荣誉，你有本事也像你姐姐一样每次都考个第一名，也拿个奖励。看看你，每次都是八九十分，勉强占个中上流，考不了好成绩，你就老实点……”

王秋听着爸爸的数落，心里的愧疚感越来越强烈，但是她没有哭泣，心想：是我错了，被数落也是应该的，我接受。

于是，等爸爸的话音落下后，王秋自责地向爸爸说道：“爸爸，您放心，我以后一定小心，也会向姐姐学习。这次是我错了，我接受惩罚，请您和姐姐都不要生气了！”

反观王霞，不但不接受妹妹的道歉，而且开始变本加厉，她跑回自己的房间“哐当”一声就把门狠狠地关上了。

王猛见状马上跑过去敲门安慰：“霞，别生气了，一定不能因为这点事影响了学习。爸爸明天再给你重新买一个更好的，好不好？”

最终，王猛用300元重新为王霞买了一个新水杯，才让王霞消气。这件事才算过去。

在王猛的纵容下，王霞与王秋形成了鲜明对比。王霞虽然成绩好，但是脾气暴、没礼貌，经不起一丁点儿的挫折和

1
你知道你姐姐的水杯有什么意义吗？那可是成绩的证明……
2
是我错了，被数落也是应该的，我接受。
3
4
爸爸，您放心，我以后一定小心，也会向姐姐学习……

打击；而王秋虽然成绩不是很好，但是任劳任怨，敢于承认错误，寻找自己的不足，然后及时改正。就这样，王霞转眼间就到了高考。王猛坚信自己的大女儿一定会金榜题名，但是王霞因为紧张没有考好，甚至成绩都没有达到二本线。

事后，虽然王猛多次劝导，但王霞像斗败的公鸡一样，连爬起来的勇气都没有了。即使在王猛的强制要求下，王霞与妹妹在一个班级复读了一年，结果第二次高考仍然是一塌糊涂。然而，王秋的成绩却有了出人意料的进步。高三的时候因为姐姐复读的加入，让王秋更加努力，她每次考完试都会从失分的题中寻找原因、分析不足，并重新对自己进行测试，直到完全掌握了失分题的所有解决方法。最终，王秋考入了本省的一所重点大学。

现实生活中，很多公司都有这样一个用人标准：有才有德之人重点录用；有德无才之人培养录用；有才无德之人慎重录用；无德无才之人坚决不用。

由此可见，想要自己的孩子更稳妥地立足于社会，只注重高分是无用的。缺乏优秀品格的孩子，能力越大对社会的破坏性越大，被社会淘汰是时间早晚的事。

6.4 让孩子通过品格创造成就

优秀的品格对于孩子的重要性不言而喻，是孩子在未来创造成就的“敲门砖”和“垫脚石”。然而，在现实生活中，有很多父母在教育孩子的时候只是把“学有所成、报效祖国”等优秀品格当成了口号。

为什么这么说？因为很多父母并没有真正理解所谓的“学有所成、报效祖国”其实是培养孩子的一种品格，而是将“学习”片面地定义为考试通关，他们认为只有站在分数金字塔的最顶端，才能睥睨人生，收获名利。

在孩子成长学习的过程中，需要学习的不仅是如何获得高分，更重要的是培养优秀的品格，让优秀的品格成为孩子成长的沃土。否则，这棵小树苗无法长成参天大树，更无法创造成就。

萧然就是吃过这种亏的家长之一，好在她在丈夫顾军的提醒下及时“悬崖勒马”，才避免了对孩子的误导。

故事要从萧然的儿子顾盼多年前参加中考讲起。顾盼中考时好像“开了挂”一样，每科成绩都超出了平时的水平，奇迹般地考上了市重点高中。

这让萧然大吃一惊的同时，更加坚信了一个理念：儿子考上了市重点高中，以后肯定会考上名牌大学，只要我再督促一下，儿子的成绩肯定会更好，未来一定会发大财，我也能跟着享享清福。

想到这里，萧然的心里早已乐开了花，以至于将顾盼班主任的一番话当成了耳旁风。

其实，中考后，学校还组织了一次家长会，顾盼的班主任会后特意找到萧然做了一番沟通："顾盼这次考试的确超常发挥，考得很不错，但是以他平时的表现来说，如果他进入市重点高中，可能会很吃力。我建议还是根据顾盼的实际水平为他选择一所合适的学校比较好，这样孩子不会有太大的压力……"

萧然一听这种话，立马就有点不耐烦了："老师，您别这样说，顾盼既然能考上市重点高中，就说明他有这个能力，他就应该去市重点高中。"

顾盼的班主任似乎看出了萧然有些生气，于是解释道：“我理解你的心情，每个家长都是望子成龙、望女成凤，都想让自己的孩子进入重点学校，都认为只有从重点学校出来的孩子才能有一番成就，但是也需要量力而行。顾盼平时很喜欢设计，他的这个兴趣爱好我不知道你是否了解？如果能够让顾盼继续发挥自己的所长，比如为他找一所比较不错的技校，将他的这种能力继续放大，孩子未来一定也会有一番成就。”

萧然听到“技校”二字已经不想和老师谈下去了，随便找了个借口就离开了，而且没有将老师的想法告诉顾军，也没有与顾盼进行沟通。

那一年的秋天，萧然兴高采烈地将顾盼送进了市重点高中，享受着身边众多亲朋好友的称赞。然而，好景不长，高一下半年顾盼就明显感到了吃力。这种情况让萧然坐不住了，心想：这样下去可不行，不但儿子没有了前途，我的享福梦也会成为泡影。

于是，萧然马上采取了措施。首先，她开始给顾盼灌输极具功利性的价值观：“儿子，一时的失利不是什么大事，你上的可是重点高中。这所学校的高考率可是全市第一的，你要坚持住，一定可以飞黄腾达的。”其次，萧然在家里为顾盼打造了一间封闭式的学习室，并给他买来了大量的习题集，甚至为每一道习题都规定了严格的时间，要求他必须在规定时间内做完并答对。如果出现失误，等待他的就是萧然的一通唠叨。

一个月后，顾盼的成绩不但没有提高，而且人也开始变得叛逆、自闭、抑郁，对萧然采取的任何与学习有关的方式和方法都表现出强烈的抵触。萧然越是希望顾盼提高学习成绩，顾盼越是不好好学习，甚至厌学、逃课。

幸亏顾军是清醒的。他明白妻子的做法对顾盼没有一点好处，不仅说服妻子取消了“学习室”，而且与顾盼做了一次深入沟通。他听到了顾盼的心声：“其实，我一点都不想进什么重点高中，这里让我非常压抑！老师讲的内容我基本都听不懂，根本跟不上进度，越来越感觉自己没用，甚至有时候想去死。死了就什么压力也没有了，反而轻松了。实际上，我挺喜欢设计的，我自学了计算机辅助设计，已经可以简单设计一些效果图了。在这所学校我感受不到一点儿乐趣，除了死记硬背就是考考考，真的很烦。”

顾盼的话就像一把尖刀扎在了顾军的心上，让顾军痛苦万分，又无比自责。原来，顾军一直忙于工作，很少有时间教育顾盼，对顾盼的学习以及生活很少过问，所以当他听到顾盼的心声后感到后悔莫及。于是，顾军决定接下来要抽出大量的时间来照顾儿子。

顾军根据顾盼的兴趣为他重新选了一所学校，让他可以发挥自己的特长。但是，顾盼还没有从前段时间的打击中缓过来，即使换了学校，也提不起精神，依然沉浸在那种“技不如人”的失败感中。接下来的日子，顾军和顾盼进行了一场又一场心与心的交流沟通。

顾军对顾盼说：“你知道吗？你能考上市重点高中，已经让很多人羡慕不已了。而你现在虽然不在市重点高中了，但现在的学校也没有什么丢人的，成绩真的不能代表什么。我在工作中见过太多只有高文凭却做不出任何成绩的人，所以你别看有些孩子考上了名牌大学，但实际到了社会上，他们不知道如何与人沟通交流，不懂得与人分享，更不会主动帮助同事，所以开展工作处处受阻。而那些学历不高的人，由于有一技之长，还有优秀的品格，比如活泼开朗、脚踏实地、细心专注，反而能够更快速地融入到工作环境中，在最短的时间内与周围的同事打成一片。这些人一般进步很快，而且老同事都愿意带他们，他们也会迅速地走上更重要的工作岗位，为公司、为社会做出更多贡献。给你说这些，我只想告诉你，别把名牌学校、重点学校看得太重要。即便在一所普通学校，只要心态放平，把该学的知识学到位，同时学会如何做一个有用的人，始终抱着一颗大爱的心，在学习中培养自己良好的性格和品格以及良好的学习习惯，就够了。”

在顾军的协助下，顾盼逐渐走出了“阴霾”。顾盼毕业后，开了一家工作室，虽然没有萧然当初期望的那样发大财，但是也可以做到自食其力，甚至还招了几个员工，为社会解决了那么一点儿就业问题。而每当遇到一些公益项目的单子，顾盼都会选择提供免费设计服务。久而久之，顾盼的工作室越来越出名，找他做设计的人也越来越多。

其实，在顾军看来，创造成就不一定是教育孩子追求大富大贵、功名利禄，只要孩子不当“啃老族”，不给社会添麻烦，还能为社会做出一点儿贡献，就是一种大成就了。而顾盼也确实因为父亲的开导养成了踏实肯干的品格，最终做出了一番小事业。

每一位家长都应该成为孩子品格养成道路上的指路明灯，当孩子在行为习惯上出现偏差的时候要及时进行纠正，而不是只在孩子的成绩下降时指手画脚。要知道，让孩子通过成绩创造的成就往往是一时的，而凭借品格创造的成就才是长久的。

6.5 注重全面发展

苏联著名教育实践家和教育理论家瓦西里·亚历山德罗维奇·苏霍姆林斯基曾说过:“我的学生学习时绝不是死记硬背,而是在游戏、故事、美、音乐、幻想和创造的世界中进行朝气蓬勃的智力活动。我希望孩子们能成为这个世界中的旅行者、发现者和创造者。观察、思索、谈论、感受劳动的欢乐,并为所创造的一切而自豪;为人们创造美和欢乐,并在这种创造活动中获得幸福;赞赏大自然、音乐和艺术的美,并以这种美来丰富自己的精神世界;把他人的痛苦和欢乐放在心上,像对待自己切身的事情一样对待他人的遭遇——这就是我的教育工作的最高目标。”

其实,这样的教育工作目标所追求的正是孩子的全面发展,而这又何尝不是家庭教育的最高目标。

对于一个家庭来说,孩子往往处于中心位置,孩子的发展决定了家庭的未来。家庭对于孩子来说,不仅是孩子的第一所学校,更是进行启蒙教育的核心基地。所以,按照这样的逻辑来说,每个家庭都没有理由将全面发展的教育目标拒之门外,更不应该剥夺孩子全面发展的权利,应该立即、马上由传统的只追求“成绩好”“身体好”这样的教育目标和教育行为，转变为追求孩子既要身体强壮又要思维敏捷；既要成绩优异又要品学兼优；既要人格独立又要活泼开朗；既要自尊自爱又要乐于助人……

随着时代的快速发展，社会对于每个人的要求都在不断提高。想要孩子能够立足社会、着眼未来，就要摒弃片面发展的教育理念，否则只会让孩子四处碰壁。

赵杰的儿子赵恒就是一个典型的从小被片面教育影响的孩子。在赵恒两岁的时候，赵杰不知道听谁说让孩子学奥数可以开发“左脑”，孩子会更聪明，未来更有前程。

于是，在赵恒三岁的时候，赵杰就给他报了奥数培训班。而赵恒小时候也的确很聪明，在四岁的时候就已经可以做这样的奥数题了：妈妈要带小明出去旅游，决定带10个苹果，并将苹果装在6个袋子里，而且每个袋子只能装双数的苹果，6个袋子也必须全部用上，应该如何装？

更让赵杰欣慰的是，赵恒对学习奥数的兴趣越来越强烈。赵恒除了每天积极地去培训班学习奥数外，晚上等赵杰下班回家后，还会缠着赵杰给他出题测试，甚至家里每个人的身高、鞋码、年龄等都会被赵恒拿来计算一番。

一时间，赵恒成了家人眼中的“小神通”“小天才”，赵杰也觉得脸上有光，因为邻里朋友每次见到赵杰都会夸赞赵恒的聪明乖巧。在一次省级的奥数比赛中，赵恒还获得了第一名，这更加坚定了赵杰让赵恒学习奥数的信念。于是，从幼儿园到小学，赵恒都将精力放在了学习奥数上，其他所有动手的事情都由赵杰代劳了。

然而，进入初中后的赵恒受到了沉重的打击。由于之前一心学习奥数，他的数学成绩的确非常优秀，每次数学考试都会占据榜首，但是其他科目的成绩完全不堪入目，属于严重偏科的学生。同时，因为之前除了学习奥数之外的其他事情都由赵杰操办了，但是进入初中后的赵恒需要住宿，而赵杰又无法时刻陪在身边，所以对于这个缺乏自理能力、沟通能力、情绪管理能力的孩子来说，就像进入了“地狱”一般。入学第一天，赵恒竟然没有找到食堂，愣是饿了一整天，而且之后每次在家过完周末回学校的时候都会哭闹一番，甚至在学校门口拉着赵杰的衣服死活不进校门……

此时的赵杰早已没有了当初的骄傲，看着眼前这个孩子，莫名地生出了一种自责与悔恨，悔恨自己教育孩子的理念和方式过于极端。

实际上，在现实生活中犹如赵杰这样的家长不在少数。他们认为孩子还小，除了学习之外什么都不会做，也什么都做不好，于是为孩子包揽了所有的事情。殊不知，只注重孩子某一方面的发展，就像只给了孩子一条腿，塑造的是一个有缺陷的孩子。而全面发展是对孩子进行德智体美劳的全方位教育，塑造的是一个完整的孩子。如果打一个比方的话，“智”就相当于孩子的大脑；“德”就相当于孩子的右手；“美”就相当于孩子的左手；“体”就相当于孩子的左脚；“劳”就相当于孩子的右脚，这样的孩子才能够拥有独立的思维、自力更生、创造创新。

家长们需要注意的是，全面发展不等于全能发展，不是要求孩子必须掌握所有的技能，而是要不断提高孩子的综合素养，培养孩子良好的品德和热爱劳动的生活习惯。

同时，全面发展不等于全才发展，不是要求孩子必须学会奥数、围棋、钢琴、美术等，而是要教育孩子学会清洁卫生、遵守纪律、团结协作、向善友爱、勤奋刻苦等，培养孩子的审美能力和积极锻炼身体的能力。而且，家长要以身作则，教会孩子为人处世的道理和方法。

第七章

习惯改变：

从“刷手机”到“刷图书”

7.1 如何增加孩子的阅读量

父母的行为会对孩子产生潜移默化的影响，如果父母喜欢读书，孩子在父母的熏陶下也会受到影响。因此，孩子不爱读书，总是抱着手机不放，很大原因在于父母。可能有些父母会喊冤、会反驳，那不妨先看看下面的这几种情况，你是否中招了？

只要是在家，几乎把所有的时间都用来刷朋友圈、追电视剧、玩游戏；陪孩子出去玩，也会拿着手机点来点去；在工作或者做家务的时候，总是把手机丢给孩子，让孩子保持安静；当孩子打扰你玩手机的时候，总是用平板打发孩子……

这几乎是大部分父母的带娃常态。然而，孩子的模仿能力不容小觑，父母的行为、习惯都会在无形中对孩子的心理、行为产生影响。孩子就像一面清晰无比的镜子，可以精准地映射父母的一切行为举动，父母采用什么方式做事情，孩子就会模仿父母的行为。所以，在父母抱怨孩子只会玩手机，却不知道好好读书的时候，父母首先要做的是放下手机。诚如德国教育家第斯多惠所说的那样："正如没有人能把自己没有的东西给别人一样，谁要是自己还没发展、培养和教育好，就不能发展、培养和教育别人。"

因此，为了培养孩子的阅读兴趣，增加孩子的阅读量，家长首先要放下手机，给孩子营造良好的阅读环境。

在亲朋好友眼里，朱珠就是一个颜值和才华并存的奇女子。她不仅熟读诗词歌赋，而且博览群书。朱珠作为学霸，更是被国内知名大学录取。任凭哪个父母见了朱珠，都会感叹一声："我要是有这样一个女儿就好了。"

其实，朱珠并不是一直如此优秀。别看朱珠是一个女孩子，但是她小时候调皮捣蛋的程度一点不亚于男孩子，尤其不爱学习、看书，对老师留的作业也总是敷衍了事。因为这件事情，朱珠的父母经常被老师请到学校进行谈话。其实，朱珠的父母也对朱珠进行了多次说教，可是无论他们怎么批评都不管用。这曾让朱珠的父母烦恼不已。

一次偶然的机会，朱珠的父母找到了解决问题的方法。朱珠的父母到朋友家做客，朋友的孩子小恒虽然和朱珠年纪相当，却不用父母催促就会主动去做作业，做完作业还会捧着书本津津有味地阅读。

朱珠的父母惊讶不已。后来，朋友的一席话解答了他们的疑惑。朋友说："我们也没什么爱好，就是喜欢读书，平时在家我们从来不玩手机，总是书不离手。或许在我们的影响下，孩子也喜欢上了读书吧。"

朋友的话让朱珠的父母明白了：父母的行为会对孩子的行为产生深远的影响，如果想要孩子喜欢读书、想要增加孩子的阅读量，父母就要变成那个喜欢读书的人。明白了这一点后，只要下班回到家，朱珠的父母就会将手机放到门口的收纳盒中。不仅如此，他们还开始拿起书阅读，并给朱珠读书讲故事，陪她一起玩“诗词接龙”的游戏。

在父母的影响下，朱珠爱上了读书，慢慢变成了优秀的“奇女子”。

在家庭教育中，如果父母注重的是只言不教，而不是言传身教，那么终会耽误孩子健康成长。比如，你一边玩着手机，一边教导孩子“要多读书，只有多读书以后才会有好的前程”，可是有一个喜欢玩手机的父母做榜样，孩子会喜欢读书吗？又比如，你一边玩着游戏，一会儿一句“上啊，等什么呢”，一会儿一句“哎呀，你们怎么回事”地和队友对话，一边敷衍地教育孩子“不要玩这个游戏、玩那个游戏，万般皆下品唯有读书高”，孩子怎么可能心服口服？

其实，教育孩子，让孩子爱上读书、增加孩子的阅读量，只需要父母放下手机，将讲道理变成以身作则就可以。正如一位社会学家所说："道理其实是一个十分复杂的存在，虽然道理说了那么多，也确实有说服力，但是它未必每一次都能支配人的行为。如果可以的话，那么世上就不会有那么多不完美的人。"

所以，父母不妨在日常生活中，通过一举一动对孩子进行引导——放下手机，做一个爱读书的人。这样的教育方式更容易被孩子接受。

7.2 从你停止刷手机开始

当父母停止玩手机的时候，父母能收获什么？栗子琳的妈妈说：“我能收获一个爱读书、主动写作业的孩子。”然而，有此收获的父母似乎并不是很多。

开家长会时，几位家长聚在一起聊天。谈到孩子读书、写作业的时候，武玉成的妈妈说：“你们平时都是怎么管教你们家的孩子呢？我家的孩子简直要气死我了。每天放学回到家的第一件事情，不是看手机就是玩平板，一让他去看书、写作业，他就发脾气。有时候为了玩手机，甚至晚上还把手机藏在被子里偷偷玩。我和孩子他爸真的是无能为力了。你们说怎么才能让孩子多看点书，少玩会儿手机呢？”

其他几位家长也都表示很无奈：

“我家的孩子也是这样，我都快放弃他了，再管下去，我就要上天了！”

“以前我们小时候放了学就是看书写作业，现在的孩子和我们小时候简直不能比，成天就知道玩手机，让他们看会儿书、写会儿作业，简直比登天还难！”

“是啊，我家孩子也这样，究竟该拿什么拯救孩子呀？究竟怎么做才能让孩子喜欢上读书呀，我都快愁死了！”

……

大家你一言我一语地发表着自己的感触。

此时，栗子琳的妈妈开口问道：“你们是不是经常在孩子面前玩手机呢？”

“是啊，下班回家不玩手机干什么？”

“玩手机很正常吧？”

“难道玩手机还得看场合吗？孩子在跟前儿怎么了？我就经常在孩子面前玩手机，我觉得没什么啊！”

“你怎么知道？而且在陪孩子写作业的时候，我也不可能总是盯着他写作业啊，所以我盯一会儿，看一会儿手机。”

……

几位家长的说辞虽然不尽相同，但都表示了同一个意思，那就是“对，我经常在孩子面前玩手机”。

栗子琳的妈妈摇了摇头说道：“难怪孩子不喜欢读书、不愿意写作业，只想玩手机了。我们做家长的总是在孩子面前玩手机，无论是真的玩手机，还是单纯地在手机上处理工作，在孩子看来，我们就是在玩手机，而且玩得不亦乐乎。这样孩子自然就会认为相对于写作业、看书，玩手机当然更有趣了。这就是我们给孩子做的榜样，有这样的榜样，孩子又怎么会喜欢看书呢？”

听到栗子琳妈妈说的话，几位家长陷入了沉思，又不约而同地点了点头，表示了认同。

父母希望孩子热爱运动、交友广泛，父母就要放下手机，带着孩子去爬山、去打球，锻炼孩子身体的同时，给孩子创造结交友人的条件，而不是一下班、一放假就宅在家中玩手机。

父母希望孩子有爱心、懂得如何去善待他人，父母就要做到恩爱和睦、友善他人，让孩子从父母的身上看到应该怎么去爱别人和照顾别人。最好的家庭教育，就是父母的言传身教。

父母希望孩子热爱读书、主动写作业，自己就要先成为那个热爱读书的人，并为孩子营造良好的书香环境。如果父母只是一边躺在沙发上玩手机，一边动动嘴皮子大声催促孩子“该去写作业了”“该去看会儿书了”，孩子又怎么会听？

《遇见孩子，遇见更好的自己》里有这样一句话：“研究表明，孩子们更多地是在向大人学习，所以一味地命令孩子、告诉他们应该何去何从的做法，效果其实并不好。所以我在想，作为大人，我自己在给孩子们起到什么样的示范作用呢？”

作为父母总是采用命令式的口吻告诫孩子什么应该做，什么不可以做，这样的教育方式是不可取的。如果父母能够做到言传身教、以身作则，起到的教育效果相对会更好。

在教育孩子这方面父母需要时刻谨记：父母是孩子的第一任老师，父母的一言一行都会对孩子产生潜移默化的影响。所以，父母想要孩子爱上读书，父母就要先爱上读书，给孩子做好榜样。

其实，上述的几位家长点头表示赞同，是因为想到了栗子琳的变化。

以前的栗子琳是一个让父母和老师头疼不已的孩子。因为每次家长会结束的时候，栗子琳的妈妈都会被班主任单独留下来进行谈话，谈话的内容无外乎就是栗子琳的学习情况。而每次谈起栗子琳的学习情况，栗子琳的妈妈都会觉得无地自容，想找个地缝钻进去。

栗子琳的妈妈心里是委屈的，因为她对孩子的学习情况极其上心，还总要求孩子在做完作业之余阅读一些课外书籍。可是无论栗子琳的妈妈如何管教，提出怎样的阅读要求，栗子琳完全一副事不关己的样子。然而，就是这样一个让老师、家长头疼的孩子，后来变成了老师眼中的三好学生和父母眼中的骄傲。是什么让栗子琳发生了如此大的变化呢？原来是栗子琳的妈妈改变了自己的习惯。

以前，栗子琳的妈妈在管教孩子的时候，总是手机不离手。就像那几位家长说的一样，陪孩子写作业的时候会时不时看会儿手机；下班累了会躺在沙发上刷会儿手机；睡觉之前会躺在床上刷会儿手机；早上醒来第一件事情就是抓起手机玩一会儿……总之，她无时无刻不在玩手机。

一天，栗子琳的妈妈不小心把手机摔坏了，由于零件短缺等原因手机需要五天才能维修好。没了手机，手上就像少了些东西，栗子琳的妈妈又重新拾起书本来看。栗子琳的妈妈以前就爱看书，可是自从玩起了手机便将这个爱好放下了。

妈妈的这一变化引起了栗子琳的注意。每次妈妈拿起书本阅读的时候，栗子琳都会凑到妈妈的面前，还会缠着妈妈给她讲书中的内容，每次讲完以后还会问一大堆问题。栗子琳的妈妈也注意到了她的变化，所以从此以后，栗子琳的妈妈不再沉迷手机，而是每天都坚持看两个小时书。慢慢地，在妈妈的熏陶下，栗子琳也养成了每天晚上看一个小时书的习惯，就连对待作业的态度也发生了一百八十度转变。

栗子琳的妈妈曾感叹道："原来放下手机，竟可以有这么大的收获。早知道如此，我应该早点放下手机。"

著名作家杨绛说过："好的教育首先是启发人的学习兴趣，学习的自觉性，培养人的上进心，引导人们好学，和不断完善自己。要让学生在不知不觉中受教育，让他们潜移默化。这方面榜样的作用很重要，言传不如身教。"

父母作为孩子人生中的第一任老师，身上的责任重之又重。

所以，如果你想孩子成为什么样的人，那么请先做一个这样的人。毕竟只会一味玩手机的父母，即使再怎么说教，也教不出喜欢读书的孩子。而当你放下手机拿起书本时，你会发现，即使不刻意引导，孩子也会凑过来和你一起读书，并慢慢养成阅读的好习惯。

7.3 带着孩子每天阅读一小时

可能大部分的父母都会有这样的疑惑："在书店的时候，孩子明明很喜欢读的书，为什么买回家以后就不爱看了呢？"

面对父母的疑惑，孩子给出的答案普遍都是："在家里看书太没意思了，我还是喜欢看手机、玩游戏。"

如何才能让孩子真正爱上读书呢？如何才能让父母的钱不白花呢？

"你是怎么爱上阅读的？"这是一个记者在对多名小朋友进行采访时提出的问题，结果小朋友们给出的答案出奇的一致："因为爸爸妈妈陪着我一起阅读。"

"我最喜欢我家的读书角，那里面有各种各样的书籍，文艺类的、科普类的，还有科幻类的。我的妈妈从小就陪我读书，10 岁后我就开始独立阅读了，我现在最喜欢的一本书当属哈利·波特系列的《哈利·波特与死亡圣器》。"12 岁的杨悦萱说。

"我的爸爸用小帐篷给我搭起了一个读书角，我和爸爸坐在里面读书，每当我拿起一本书时就会不自觉地被里面的内容吸引。虽然许多书读起来有些费劲，但是依然阻止不了我从书中寻找乐趣。"8 岁的刘和轩回答道。

1
你是怎么爱上阅读的？
2
因为爸爸妈妈陪着我一起阅读。
3
我的妈妈从小就陪我读书。
4
我的爸爸用小帐篷给我搭起了一个读书角，我和爸爸坐在里面读书……

看来，想要让孩子爱上读书，想要把孩子从手机里“夺”回来，父母只需要一个动作，那就是放下手机，每天陪孩子阅读一小时。

李阳的朋友很好奇，为什么李阳的儿子小虎跟别的孩子不一样？无论小虎走到哪儿，小虎的书就“跟”到哪里。比如从幼儿园放学回到家，小虎连鞋都来不及脱就会拿起书坐在沙发或地毯上看起来；又比如李阳带小虎出去旅游，白天无论玩得多么疯，晚上回到酒店小虎都会再看一会儿书再睡觉；再比如伴随着小虎进入梦乡的不是手机，也不是电视，而是书籍……

小虎对书籍有着强烈且浓厚的兴趣，是小虎天生如此吗？

李阳给出的答案是这样的：“我从小就喜欢看书，有了小虎以后也没有改变这个习惯。从小虎六个月开始，我每天晚上还会给小虎读一个小时的绘本。等小虎长大一点，我虽然不会再给他读绘本，但是每天都会陪他看一个小时的书。或许就是在我的影响下，孩子也喜欢上了读书。”

可能有的父母会说：“像我们这种半路出家，没有从小培养孩子阅读习惯的父母，就算现在放下手机，每天陪孩子阅读一个小时，也不会激发孩子的阅读兴趣吧？”

对于这个问题，夏一天的妈妈绝对有话语权：“只要你放下手机，坚持每天陪孩子阅读一个小时，什么时候都不算晚。”

上小学五年级的夏一天是个活泼好动的小女孩。对于阅读，她总是缺少自觉性，每天放学后总想着出去玩，无论爸爸妈妈催多少遍，她就是不想拿起书本阅读。就算夏一天坐下来阅读，也总是找借口从书房走出来，逗留在沉迷于玩手机的爸爸妈妈身边几分钟，甚至几秒钟。在夏一天看来，哪怕是看上几秒钟手机，也是一件极其幸福的事情。

后来为了确保夏一天能够坐下来踏踏实实地看书，妈妈干脆坐在旁边陪她。可是夏一天的妈妈做不到认真陪伴，总是时不时拿起手机看一看。面对妈妈如此敷衍的态度，夏一天也选择应付妈妈的监督。她虽然坐在书桌前，但是一会儿盯着窗外的小朋友玩耍，一会儿摆弄桌上的小玩意，就是不肯好好阅读。

这天夏一天的妈妈又拿着手机过来，夏一天忍不住开口了："妈妈，这种感觉很不好，陪伴我读书，不是你坐在我身边陪着就行的。"

这种低质量的陪伴能收到什么效果？父母陪着孩子回屋看书，孩子就会老老实实地看吗？父母让孩子拿起书本，孩子就会阅读吗？如果孩子不能心甘情愿地阅读，父母的这种陪伴不但不能收到良好效果，还可能使孩子对读书产生抵触心理。

想到这些，夏一天的妈妈立马做出了改变：放下手机，陪孩子一起阅读。可是夏一天还是静不下心阅读。于是，夏一天的妈妈想出了几个激励措施。比如，只要夏一天读完一本书就奖励她一颗小星星，等她集齐一定数量的小星星就可以用这些小星星实现一个愿望，愿望可以是"妈妈今天不可以生气""周末要带我去游乐场"等。

比如，给夏一天选择权，让她自己选择阅读哪本书。夏一天的妈妈通常会准备十本书供夏一天选择。因为在夏一天的妈妈看来，如果只给夏一天两本书的话，可能她哪一本都不喜欢，但是如果有十本书供她选择，十本书中总有一本是她喜欢的。而夏一天在挑选书的时候，不仅可以享受自由选择的权利，更能体会到主导生活的乐趣。这对一个小孩子而言，绝对是一件畅快的事情。比如，读完书后，妈妈会和夏一天进行简单的交流，“今天表现很棒，读得更有感情了”“书里讲了什么故事”等。在一两句的交流中提高孩子第二天读书的积极性。

当然，除了这些鼓励政策，还有另外一个最重要的前提条件——放下手机。就这样，夏一天的妈妈坚持每天陪夏一天阅读一个小时，夏一天最终养成了爱读书的好习惯。

父母对孩子的熏陶实在太重要了。爱美食的父母，他们的孩子大多从小味蕾敏感，能一口尝出食材的新鲜与否；爱运动的父母，他们的孩子或许早已开始运动，也早已练就出色的体能；爱读书的父母，在别的孩子还为这关游戏怎么过而发愁的时候，他们的孩子或许早已端坐在图书馆静静地看书了。

换言之，父母经常带着孩子沉浸在哪种环境，孩子在耳濡目染下就会自然而然地将这种环境当作生活中必不可少的一部分。所以，父母要想让自己的孩子爱上阅读，一定要先改变自己的习惯，放下手机带着孩子每天阅读一个小时。但需要记住的是：习惯的培养本就是一个需要耐心付出的过程，父母在培养孩子阅读习惯的时候一定要有耐心。

只要父母愿意放下手中的手机，每天带着孩子阅读一小时，孩子迟早会养成阅读的好习惯。

7.4 养成阅读习惯，受益终生

当父母将“刷手机”的习惯变成“刷图书”时，父母会发现孩子也会受氛围的影响，慢慢养成阅读习惯。同时，父母还会发现，一旦孩子在父母一言一行的引导下养成阅读习惯，孩子将受益终生。

首先，父母引导孩子养成阅读习惯最直接的影响就是亲子关系会得到改善。

自从有了手机，父母直接变成了“低头族”，即便孩子就在身边，也是一副“两耳不听孩子言，一心只顾刷手机”的样子。而孩子呢？在父母的影响下也逐渐沦陷在手机中不能自拔。如此一来，父母一旦发现苗头不对，便会对孩子玩手机的行为勒令制止，孩子就会出现叛逆的行为。正如父母抱怨的那样，“自从孩子迷上了手机，总是抱着手机不撒手，如果硬把手机抢过来，孩子就号啕大哭”“孩子从天使变成魔鬼，仅一部手机的距离”……

如果父母先放下手机，带着孩子快乐阅读，必要时进行一些亲子互动，父母就会发现自己和孩子之间的关系会发生微妙的变化。正如薛洋小朋友说的那样：“相比以前只会玩手机的爸爸，我更喜欢现在的爸爸！他会陪着我一起看我喜欢的书，就算他只是坐在我身边看他的书，我也十分开心。我太喜欢这种陪伴了。”

其次，父母引导孩子养成阅读习惯，可以增强孩子的理解能力并培养孩子的专注力。

人们对文字的敏感程度不是天生的，而是通过后天不断阅读书籍培养而来的。所以，孩子阅读的过程，就是提高对文字敏感度的过程。一旦孩子对文字的理解能力增强，并达到一定的深度和高度时，孩子对外界和事物的理解能力也会增强。

孩子有一个共同的特点，那就是活泼好动，尤其是那些低年龄段的孩子，这种特点表现更加明显一些。而读书最需要的就是静下心来，把全部的注意力和视线从别的地方收回来，然后将注意力完全集中到书本上。如果孩子养成阅读的习惯，就代表孩子能够将注意力长时间放在一件事情上。而且，随着阅读习惯的不断加深，孩子的专注力就会相应地提高。正因为孩子的专注力能够长时间集中在一件事情上，在一定程度上不仅能够提高孩子在课堂上的听课效率，还能提高孩子的学习效率。

再次，父母引导孩子养成阅读习惯，可以增强孩子的口语以及书面表达能力。

口语表达方面，人们都说：“你脑子里有多少墨水，一开口便知。”这句话说明了一点，那就是人的表达能力和大脑中储备的知识成正比关系。如果孩子的表达能力相对比较薄弱，就说明孩子的大脑中没有足够的知识做支撑。而不断阅读的过程，就是孩子不断往大脑中增加知识的过程，知识增加得越多，孩子口述一件事情或者某个东西时，思路就会越清晰，口齿就会越伶俐。

书面表达方面，孙逸晴特别有发言权，因为她的作文水平相当高，几乎每次都是满分，就连老师都对她赞赏有加："因为有大量的阅读做基础，孙逸晴的作文总能透露出不同于同班同学的文化底蕴，简直是妙笔生花。"

在家长会上，班主任这样评价孙逸晴："现在孙逸晴的学习成绩在走上坡路。她养成的阅读习惯，值得众多同学学习。"

老师对孙逸晴的肯定让孙逸晴的父母很受鼓舞。他们感叹道："原来我放下手机，捡起的不仅是书本，更是孩子的未来。"

最后，父母引导孩子养成阅读习惯，将孩子从手机中解放出来，对孩子最直观的一个益处就是能够有效保护孩子的眼睛。

明明已经三岁了，最近因为明明频繁地说眼睛不舒服，所以妈妈带他到医院进行检查，结果显示明明的双眼中度近视。

为什么会这样？原来明明的爸爸妈妈每天忙于工作，好不容易下班回家总想多休息一会儿，于是明明一哭闹，他们就拿手机给明明看，因为明明一看手机就特别安静。所以，在明明的家中经常看到这样的场景：一家三口一个人抱着一部手机刷个不停。

这样的情况持续了一年多。其实，在明明说眼睛疼之前，明明的妈妈已经发觉明明有些不对劲儿——明明经常皱眉头、眯眼睛。但是，明明的妈妈以为明明的这些动作只是在搞怪，所以只是简单地说了明明几句，并没有在意。

可是，明明最近皱眉头、眯眼睛的次数越来越频繁。为了明明的健康着想，明明的妈妈带着他到医院进行了检查。检查的结果让明明的妈妈惊呆了：明明的双眼近视度数达到了四百度，是中度近视范围。

医生给出的分析是：长时间接触电子设备，是导致孩子双眼近视的主要原因。让明明的妈妈更绝望的是，明明的近视是不易逆转的，而且随着年龄的增加，双眼近视的度数极有可能也会随之增高。

所以，身为父母，你还会以为让孩子看手机没有问题吗？为了孩子的健康成长，请父母改变一下习惯，放下手机，捧起书本，让孩子体验到“给孩子一本书，相当于给孩子一个世界”的乐趣。

除此之外，值得一提的是，父母引导孩子养成阅读习惯，能够让孩子变得更勇敢。

一次，徐岩的妈妈带徐岩在小区楼下的小公园玩。正好有几个小朋友也在那里玩耍，没一会儿徐岩就和那几个小朋友熟悉起来，还追着他们跑来跑去。可是，由于跑得太快，徐岩摔倒了，膝盖正好磕到地上的玻璃碎片，瞬间鲜血直流。

徐岩的妈妈赶忙抱起徐岩去医院。在去医院的路上，徐岩的妈妈心里一直打鼓，缝针的时候怎么办？孩子要是一直哭闹，不能平静下来，该如何是好？可是到了医生准备缝针的时候，尽管徐岩的身体因为紧张、害怕而不停地颤抖，但是他并没有像妈妈想象的那般哭闹不止。终于缝完了，徐岩的妈妈骄傲地说：“我家岩岩怎么这么棒？”

徐岩忍着痛说道：“因为我想起自己看过的一本书，书里也有一个小男孩受伤了，需要打针，可是他特别勇敢，一点儿都不害怕。我也不害怕，我也要做一个勇敢的男子汉。”

其实，父母引导孩子养成阅读习惯，对孩子的益处简直数不胜数。所以，身为父母的你，是选择继续沉迷于手机不愿自拔，还是放下手机陪伴孩子阅读呢？

7.5 多读书，读好书

当父母让孩子好好读书的时候，可能有些孩子会好奇地问："为什么要读书？"因为在孩子看来，读书不仅是一件既枯燥又苦闷的事情，还是一件看不到任何收获的事情。

面对孩子的这个问题，父母给出的答案通常是"读书可以改变命运""读书可以让你在将来赚大钱""读书可以丰富你的精神世界"等。这些答案没有错，但不妨看看"央视名嘴"白岩松是怎么回答的。他说道："读书是为了让你能够掌握自己的命运，让你有机会选择自己喜欢的人生，而不是被生活所迫去做自己不喜欢的事情，让你能从容地去面对人生中各种各样的意外。"

所以，人必须读书。那么，究竟如何做才能让孩子多读书呢？

中国女作家杨绛从小酷爱读书。杨绛热爱读书的程度用她自己的话说就是："若一个星期不读书，那么这一个星期都白活了。"正是因为读的书多，杨绛不仅才华横溢，其散文随笔《我们仨》风靡海外，再版更是创下销量百万册的纪录，剧本《称心如意》在舞台上盛演六十年不衰，翻译的《堂吉诃德》更是被大众公认为最优秀的作品……

对于杨绛的成就，杨绛的丈夫钱锺书先生曾评价道："杨绛不仅是最贤的妻，更是最才的女。"

而杨绛之所以能够获得如此大的成就，和她的家庭教育有很大的关系。杨绛的妈妈虽然要操劳一家老小的衣食住行，但仍会忙里偷闲拿起书本进行阅读，而且每次都看得津津有味。正是受父母的影响，杨绛同样爱书如命。更值得一提的是，杨绛与钱锺书先生的女儿钱瑗，在父母的影响下，从小便热爱读书，甚至将书籍当成精神食粮。所以，要想孩子多读书，父母一定要以身作则，不再做手机的"奴隶"。

只是多读书还不够，还要读好书，否则一切都是徒劳。这里说的读好书是指两个方面：一方面是要选择正确的书；另一方面是要在正确的时间进行阅读。

姚晨则的爸爸妈妈发誓要给孩子做一个好榜样，培养孩子读书的习惯，于是放下了手机。可是在选书方面，姚晨则的爸爸妈妈又犯了错。原来，他们虽然放下了手机，捡起了书本，可是看的不是八卦杂志，就是各类小说。

姚晨则在爸爸妈妈的影响下也确实爱上了读书，可是他只喜欢看小说，尤其对武侠小说简直达到了痴迷的程度。甚至为了方便阅读，他还专门到图书馆办了一张借书卡。

姚晨则看武侠小说真的达到了废寝忘食的地步，吃饭的时候抱着书看，该做作业的时候也抱着书看，甚至晚上躲在被窝里还用手电筒照着偷偷地看。后来，姚晨则越来越过分，竟然在课堂上也偷偷看。

为此，姚晨则的爸爸妈妈想尽各种办法想要将他拉回正轨。为了让姚晨则读好书、在恰当的时间读书，姚晨则的爸爸采取了强硬措施，直接将所有的小说都收了起来。姚晨则发现以后和爸爸大吵了一架，然后故意上课时不认真听讲。

姚晨则的妈妈因为他上课看小说被老师接连几次请到学校之后终于爆发了，她不仅将所有的小说撕毁，还将他狠狠数落了一顿。可是数落之后，姚晨则一放学就去图书馆看小说，对老师留的课后作业完全置之不理。

父母以身作则引导孩子多读书，对孩子确实是一件受益良多的事情，毕竟多读书可以增长孩子的见识。可是，受益良多是建立在读好书的基础之上。如果孩子读的书对他们百害而无一利，那么多读书的意义也就不复存在。

所以，父母在引导孩子多读书的时候，在选书方面也要多加注意：一方面要选择内容积极向上，能够给孩子带来启迪的书；另一方面也要根据孩子的兴趣点、年龄段等来挑选适合孩子阅读的书。比如，孩子对科学比较感兴趣，父母就可以给孩子选择一些科普类的书籍；孩子对故事类的图书比较感兴趣，父母就可以让孩子多看一些寓言故事等。另外，对于低年龄段的孩子，父母在选择书籍方面就要以图画类书籍为主；对于年龄稍大的孩子，则可以选择拼音以及注解类的故事书籍。

孙一铎的妈妈在给孩子选书时就走过一段弯路，她经常给孩子买一些经典名著。可是，这些书买回来后一直在书架上放着，孙一铎却从来不看一眼。

“妈妈给你买了那么多书，为什么你就是不看呢？”

“妈妈，那些书我根本看不懂，所以我不想看。”

那些经典名著确实是好书。对于想要开阔眼界的人来说，经典名著确实是不错的选择。可是，孙一铎还是一个上小学的孩子，这类书籍明显不适合他。

幸好孙一铎的妈妈后来想通了这一点，根据孙一铎的年龄以及兴趣，为他选择了一些适合他看的书并陪伴孩子一起阅读。

在阅读时间方面，对于那些自控能力比较差的孩子，父母可以给他们制定一个阅读时间表，比如，可以让孩子在睡觉之前看一段时间的书，或者根据当天的作业情况，弹性调整读书的时间。

等孩子能够自我把控阅读书籍的时间时，父母自然就可以放手，让孩子进行自主阅读。

很多父母为了培养孩子读书的习惯，不惜重金为孩子打造专门的书房、买珍藏的书籍，但是孩子仍然对读书这件事情不上心。

这是为什么呢？试想一下，如果父母只是一边告诉孩子“要多读书，读好书，读书好”，一边一页书都不翻，甚至还抱着手机玩得不亦乐乎，孩子会相信父母说的话吗？当然不会。所以父母先要放下手机，养成阅读的习惯，在以身作则的前提下带着孩子一起阅读。如此，孩子才会慢慢爱上阅读。但切记，多读书的同时，也要读好书。

第八章

家庭改变：

从争吵不休到和谐温馨

8.1 有问题的家庭养育有问题的孩子

为什么有些孩子会有那么多问题，比如自私、冷漠、厌学等？究其原因，孩子的“问题”源于家庭的“问题”。试想，如果一个家庭中毫无学习氛围，每天从早到晚都有一群人在打麻将、玩游戏等，那么这个家庭中的孩子怎么可能静下心来学习？即便在父母的催促下，孩子也很难真正地投入到学习中。如果一个家庭中充满了阴冷的氛围，每个人都阴森着脸，那么这个家庭中的孩子会不会乐观，会不会笑着面对一切？

答案必然是否定的。如果想要孩子爱上学习，就要在家庭中为孩子营造安静的学习环境；如果想要孩子积极向上，就要在家庭中为孩子营造欢声笑语的轻松氛围。不然，就无法养育出对学习充满兴趣、性格积极乐观的孩子。

小米在读小学四年级之前，一直是一个品学兼优的孩子，可是到了四年级却出现了一些改变。她上课时经常走神儿，学习成绩不断下降，课间也不再与其他同学一起玩闹了。到了五年级，更是达到了厌学的程度，上课睡觉已经成为她的常态，甚至有时候会逃课。

对此，小米的班主任已经和小米的父母沟通过很多次，但是无论老师如何努力，无论父母如何指责，小米也没有丝毫改变。

看着之前那个阳光、可爱的小姑娘一点点“消失”，父母焦急万分。可是，究竟怎么办才能挽救这个陷入迷途的孩子呢?

小米的妈妈在一家医院上班，一次偶然的机会与一位心理医生聊起了小米的情况:“万医生，您帮我分析分析，我们家小米现在这种情况是什么原因造成的?她每天不好好学习就暂且不说了，一个女孩子这么小的年纪就开始逃学，这可怎么办啊?”

“小米?是不是我之前见过的那个特别乖巧的小女孩啊?我记得上次见她是在三年前吧，见了我就叫‘阿姨’，还说我穿的衣服漂亮。她那张小嘴可真会说话，太让人喜欢了。我印象中她的学习成绩一直不错，不应该变成你说的那样啊?难道是哥哥的去世打击了她?”万医生小心地问道。

原来，小米有一个大她三岁的哥哥。但是，在小米读小学三年级的时候，她的哥哥被一次车祸夺去了生命。虽然小米的妈妈很不想谈论这件事，但是为了小米不得不忍着心痛说道:“当时小米还小，我们一直没有正面告诉过小米这件事，全家人以小米的哥哥出国上学为由对其进行了隐瞒，应该不会对她造成太大的打击。”

万医生接着问道:“那小米的哥哥去世后，家里发生了什么变化吗?”

“家里没有什么变化，基本上一切照旧，小米哥哥的房间也一直保留着。”小米的妈妈说到这里眼睛里已经含满了泪水。

万医生见状急忙安慰道："事情已经发生了，而且已经过去一段时间了，你也别太伤心了。其实，我说的变化，是指你们家人之间的情绪、行为、言语等，有没有发生很明显的变化。"

小米的妈妈整理了下自己的情绪，又回忆了一会儿说道："有的。自从小米的哥哥走了以后，无论是我，还是小米的爸爸，以及小米的爷爷奶奶都变得沉默了。大家在家里基本上都不怎么说话，家里的电视都成了摆设，除了小米偶尔看一会儿动画片之外，基本没有打开过。尤其是小米的爷爷奶奶，一看到和小米的哥哥差不多年龄的孩子，就开始伤心哭泣，还时不时地抱怨小米的爸爸。

"小米上四年级的时候，家里的气氛几乎沉寂到了最低点，每个人的表情除了阴沉几乎从来没有过笑容。那段时间，家里的氛围让我都感到阴冷。对小米更是没有了教育的耐心，除了满足她的基本生活需求之外，从来没有关注过她的情绪。"

万医生听到这些，果断地给出了一个答案："小米的心理已经出现了严重的问题。她在你们这样的家庭环境中已经感受不到爱和温暖，她随着年龄的不断增长慢慢学会了察言观色，而你们这个家庭中的每个人给她展现的都是阴冷、忧郁、失望的表情，她自然接收了这些信息并影响了自己的心理。同时，小米这种厌学、逃学的行为，也是因为没有获得家庭的重视造成的，她或许是想通过这种叛逆行为引起你们的注意，获得你们的关爱。所以，我建议你们必须改变现在的家庭氛围，否则，小米的情况只会越来越严重。"

小米的妈妈采纳了万医生的建议，回到家后和小米的爸爸、爷爷、奶奶坐到一起对这件事的严重性进行了深入的沟通交流，最终大家决定一起做出改变。

小米的妈妈不再只关心小米的生活需求，开始关注小米的心情。比如，小米每天回家后，小米的妈妈会与她聊聊今天的心情如何，有没有什么新鲜事发生，也会将自己的心情以及当天所发生的一些事情告诉小米。起初，小米还是很抵触，但是慢慢地，小米开始和妈妈分享心情、心事等，而且小米发现对于自己的一些不好的行为都不好意思说出口，所以渐渐地也就不再做一些厌学、逃学的行为。

除此之外，小米的爸爸和爷爷奶奶也做出了改变。他们在家的时候提高了聊天的频率，爷爷奶奶不再抱怨小米的爸爸，小米的爸爸也开始时不时地为小米的爷爷奶奶捶捶背、

按按腰。这些行为举动在小米看来既温馨又和谐，有时候还会感动得偷偷掉眼泪。

小米的爸爸每天下班回家后，还会陪小米玩一会儿游戏，甚至每逢周末或者节假日都会带着全家人去郊游、爬山或者游泳等。总之，在家庭成员的努力下，小米又重新感受到了家庭的温暖。

小学六年级的时候，那个阳光灿烂、积极乐观、好学上进的小女孩又回来了。

在很多家庭中，父母总认为自己辛辛苦苦赚钱养家，尽全力满足孩子的各种需求，尽最大努力为孩子创造优良的生活条件，便完成了身为父母的职责。然而，这类父母一味地满足孩子物质层面的需求，却忽视了孩子精神层面的需求。或者说，很多家庭以为给孩子创造了很好的环境，但是孩子并没有感受到。

其实，孩子的问题往往与家庭环境有直接关系，家庭环境的不和谐，家庭氛围的不温暖，都极容易让孩子变得自私自利。所以，我们不仅要给孩子创造一个舒适的成长环境，更要给孩子营造充满关爱、温馨、欢乐的成长氛围。

8.2 问题父母造就问题家庭

缺乏安全感、幸福感、归属感、尊重感的家庭，往往可以称之为“问题家庭”。而问题家庭最容易养育出问题孩子。毫无疑问，问题家庭背后的推手正是孩子的父母。一个家庭中如果有人严厉苛刻，那么必然会营造紧张、急迫、忐忑的家庭氛围。孩子长时间在这种压力巨大的家庭氛围中成长，必然会由于神经过于紧绷而导致生理和心理出现严重问题，比如胆小懦弱、抗挫折能力差、缺乏责任感等。

如果父母中有人总喜欢替孩子做决定，奉行独裁主义，那么必然会营造霸道、专制的家庭氛围。孩子长时间在这种毫无“民主”的家庭氛围中成长，必然会因为父母的“事必躬亲”而失去主见、思想、自信、责任感，渐渐地习惯被安排，习惯顺从别人，习惯依赖别人。

如果父母中有人总喜欢通过吵架或者打架解决问题，那么必然会营造敏感、恐惧、不安的家庭氛围。孩子长时间在这种剑拔弩张的家庭氛围中成长，必然会由于安全感的缺失，而变得暴躁易怒、自以为是。

如果父母中有人遇事经常怨天尤人，那么必然会营造充满负能量的家庭氛围。孩子长时间在这种抱怨、责备、懈怠的家庭氛围中成长，必然会由于看不到希望和得不到幸福，而变得懒惰，甚至走上“破罐子破摔”的成长道路。

期中考试后，班主任将晓刚的爸爸叫到了办公室谈话。晓刚这次的考试成绩不够理想，班主任想和家长沟通一下，看看如何让晓刚提高成绩，毕竟晓刚是一个比较上进的孩子。然而，班主任万万没有想到，晓刚的爸爸刚看到晓刚的试卷就不顾场合地大发雷霆，冲着晓刚就是一通责骂：“你个浑小子，你上学都在干吗？这么简单的题都能做错，你上课时耳朵里塞驴毛了吗？你看你考得是个啥，简直是一塌糊涂！你这样还有脸上学？”

看着缩在办公室墙角不断颤抖的晓刚，班主任不由得想起了一句话：问题父母造就问题家庭，问题家庭造就问题孩子。晓刚爸爸在办公室都能肆意咆哮，不难想到他平时在家会多么暴力，多么盛气凌人！难怪晓刚会养成唯唯诺诺的性格。

看着眼前的场景，班主任觉得他们父子难以进行有效沟通，便让晓刚回了教室。接着，班主任让晓刚的爸爸坐下，然后说道：“晓刚爸爸，你先别着急，其实晓刚这次的成绩还算不错。虽然还不是很理想，但是在班里的排名已经提高了两个名次了。我这次叫你来，主要就是看着晓刚很好学，而且刻苦努力，所以想一起想想办法让孩子的学习成绩更进一步。

“但是，通过你刚才的言行，我似乎知道了晓刚的成绩一直上不去的真正原因。虽然晓刚知道学，也爱学，然而在你的打击和责骂下，他的生理和心理都受到了极大的伤害。

我想晓刚在这样的家庭环境中一定感到失落和失望，所以他虽然知道上进，但是每次遭到打击后，又会变得气馁，止步不前。”

晓刚的爸爸对自己的暴力行为毫不避讳：“您这么说我也承认，我确实是暴脾气，尤其是看到辛苦养大的孩子这么不争气的时候，我的气就不打一处来，恨不得抽他两巴掌。”

班主任看着晓刚的爸爸越说越急的样子，急忙打断了他，并说道：“我可以非常明确地告诉你，你这样的暴力行为对于孩子来说无济于事，只会让孩子在错误的道路上越走越远。你要知道，任何一个孩子都不是生下来就学习非常好，每一个孩子都有学习好的机会，关键是我们如何去引导孩子。这就像让孩子爬楼，你让他从一楼上到二楼的时候，如果没有楼梯，孩子可能上去吗？不可能！而楼梯是什么，就是我们能够做出的引导。那么，应该如何引导呢？这就需要我们不断地鼓励、激励孩子，给孩子加油打气；不要总是揪着孩子的一些缺点或者过失不放，对孩子进行无休止的打压。给孩子动力，就像给孩子做好了铺垫，让孩子顺着这个铺垫一步一步地向上爬，孩子不仅会爬得越来越高，而且也会爬得踏实、自信。孩子得到了我们的支持，心里就会充满安全感。

“晓刚现在的状态其实还可以，或许你比较心急，想让他一下子把成绩提上来，但是这是不可能的。学习从来不是一蹴而就的事情，需要的是积累和不断地努力，只有‘厚积’才能‘薄发’。如果你不懂得这个道理，一味地、盲目地要求孩子立马改变现在的状态，那么你是不是也有一定的标准呢？比如，你让晓刚达到什么样的标准，你才会认可孩子，或者说才会鼓励孩子，与孩子心平气和地进行沟通？”

被班主任这么一问，晓刚的爸爸顿时没了脾气，而且不好意思地说道："老师，我还真没有想过这个问题。我只知道要求他学习好，但是如何提高学习成绩，把学习成绩提高到什么水平，我还真没有一个标准。"

班主任接着说道："我想你不仅在晓刚的学习方面没有标准，喜欢发脾气，平时在家也喜欢用暴力解决问题吧？"

晓刚的爸爸犹豫了一下承认道："是的。其实，我也有所察觉，除了对晓刚的学习动不动发怒外，他在家的一些举动我也看不惯，还经常对他进行斥责。同时，我和晓刚的妈妈近两年也经常因为一些小事争吵，有时候脾气上来了还会摔东西。"

班主任解释道："我之所以想了解一下你平时在家的表现，并不是想插手你们的家庭问题，而是想了解并确认一下晓刚是不是在暴力的家庭氛围中成长。可以说，我现在已经得到了肯定的答案，而且我想告诉你，如果晓刚继续在这样的家庭环境中成长，成绩很可能一直会一塌糊涂，而且他的性格、脾气也会越来越暴躁，心理也将变得越来越阴暗。如果你不想看到这种负面影响继续放大，就应该马上改变自己的言行，给晓刚营造一个健康阳光的家庭环境。我建议不妨从今天开始。等会儿我把晓刚叫过来，我希望你能够给予孩子鼓励和表扬，让他远离自卑，重拾自信。"

晓刚的爸爸将班主任的话听进了心里，他主动向晓刚道歉："刚才是爸爸没有了解清楚情况，所以才表现得那么激动。经过与班主任的沟通，我知道你已经很努力了，而且这次考试还一下子提高了两个名次！儿子，我为你感到骄傲，相信你能够再接再厉取得更好的成绩！"

晓刚第一次听到爸爸说出这样的话，有些难以置信，他甚至以为是自己的幻觉。但是，当爸爸抱住他的那一刻，晓刚激动得流出了眼泪，他把头紧紧地扎进了爸爸的怀里忍不住哭出了声。

后来，班主任为晓刚制订了一套学习计划，并由晓刚的爸爸配合一起完成。同时，晓刚的爸爸在家里也彻底改变了自己以往的言行，开始用一种欣赏的目光和包容的心态对待家里的一切。

当父母之间不再争吵，家庭氛围逐渐温馨，晓刚也变得越来越开朗。

真正懂教育的父母，不会将自己的问题演变成家庭问题，他们会把家庭氛围营造得轻松、舒适。他们会让孩子获得成长的健康土壤，给予孩子更多的理解和信任，为孩子营造充满阳光的成长环境。

8.3 父亲不能缺席孩子的成长与教育

如果孩子饿了第一时间会找谁？妈妈！如果孩子冷了第一时间会找谁？妈妈！如果孩子热了第一时间会找谁？妈妈！如果孩子遇到问题，第一时间会找谁？妈妈！如果孩子受了委屈，第一时间会找谁？妈妈！如果孩子想要分享，第一时间会找谁？妈妈……

孩子的成长过程中似乎只有妈妈在参与，现实生活中陪伴孩子最多的人，似乎也是妈妈。

在孩子的成长以及教育过程中，妈妈的身影几乎无处不在。那么，爸爸在做什么呢？难道爸爸不知道孩子的存在吗？

对于这样的质疑，或许有些爸爸会感到无法接受，因为在他们看来，自己同样在为孩子的成长付出。如果没有他们赚钱养家，拿什么给孩子买读物？用什么给孩子买玩具？拿什么供孩子上学读书？用什么保证孩子衣食无忧？

的确，每当问孩子“爸爸去干什么了”的时候，孩子的回答也都几乎如出一辙“爸爸在工作，爸爸在出差，爸爸在赚钱”。难道爸爸在孩子的眼中只能成为一个工作机器或者是赚钱工具吗？难道教育孩子的责任只有妈妈承担吗？

实际上，如果爸爸在孩子的教育方面始终是一个“0”的存在，或者只是在钱财方面给予而没有教育方面的陪伴，那么将造成什么样的后果呢？

北京大学教育专家的一项研究发现，爸爸的缺失将会带来“丧偶式的家庭教育”，是不健全的家庭教育，也是存在问题的家庭教育，甚至会对孩子造成无法弥补的损失。

诚如《父亲》一书中所写的那样：“父亲的缺失，是家庭的不幸、是妻子的忧愁、是孩子的悲伤，也是社会的抑郁。

“父亲在孩子的成长中扮演着极为重要的角色，对孩子认知的形成、安全感的建立、人际关系尤其是亲密关系都有重要的影响。而那些缺少父亲陪伴的孩子，极易患有‘父爱缺乏综合征’。

“男孩容易胆小怕事，缺乏男子汉气质；女孩则容易缺乏安全感，长期陷入自卑和自我质疑中。”

小双三十岁的时候和丈夫小吴终于有了爱的结晶——皮皮，夫妻二人都希望孩子能够快乐成长，于是为他起名为皮皮。为了更好地照顾皮皮，小双干脆辞去了工作做起了全职妈妈。然而，随着皮皮一天天长大，他的行为举止和性格却让父母大感失望。那细声细语的说话声，很难让人相信是出自男孩之口！更让小双受不了的是，皮皮的胆子非常小，他天天黏着自己，不敢和其他小朋友一起玩，就连学校组织的活动中也见不到他的身影。

对此，小双不仅忧愁万分，更是充满了内疚。她十分羡慕朋友露露的孩子活泼开朗，总是怀疑皮皮这样胆小怕事是受自己的影响。

有一天，小双终于向露露讲述了自己的烦恼，她越说越伤心，甚至要哭出来了。

见状，露露赶紧安慰道：“你先别难过，我非常理解你的心情。其实，造成皮皮性格有些怯懦的原因，确实与作为妈妈的我们有着非常大的关系。我们作为妈妈可能由于身为女性的原因经常表现得比较感性，对于自己的孩子总是充满了各种担心。你说是不是？”

小双回想着教育皮皮时的各种行为表现，止不住地点头表示同意。

露露看着小双同意自己的观点，便接着说道：“我们总是过于担心孩子吃不饱、穿不暖，孩子只要一出去跑就担心他会不会磕着碰着，经常会告诉他们不要碰这个，不要摸那个，结果孩子就会以为这个有危险，那个也有危险，所以会越来越胆小。其实，这种状况完全可以通过爸爸的陪伴和教育进行中和。爸爸身为男人，一般做事比较理性，而且善于冒险，喜欢鼓励孩子做一些大胆的动作。这样一来，孩子既能在妈妈的教育下知道哪些是危险的事物不能触碰，又能在爸爸的教育下敢于尝试新事物。妈妈的教育就像是给孩子设置了一条红线，而爸爸的教育就是在这条红线之外鼓励孩子，让孩子在正确的道路上养成敢于拼搏的性格。你们家小吴平时不是很勇敢吗？皮皮的性格应该不至于这么胆小啊！”

小双无意间摇了摇头，露露以为自己哪里说错了，急忙问道：“是我哪里说得不对吗？”

小双也急忙解释道：“不是，不是。我是想到我们家小吴从来没有陪伴过皮皮，所以才摇了摇头。小吴现在在一家外贸公司工作，经常出差，一个月在家的时间不会超过一周。每次回到家还要忙工作，根本没有时间陪皮皮。而且，皮皮现在好像和他爸爸都有点陌生了。”

露露得知情况后，吃惊地说道：“啊？这可不行啊！孩子再这样下去肯定会变得越来越怯懦的，你必须与小吴好好谈谈了。他那么拼命工作为了什么？不就是为了皮皮能够更好地成长吗？如果皮皮没有获得更好的教育，他挣再多的钱又有什么用呢？”

小双把露露的话记在了心里，回家后便与小吴进行了一次深入沟通。起初，小吴也是和很多爸爸一样，用“我努力工作还不是为了你们能够生活得更好一点”这样的话来解释自己不陪伴皮皮的原因，但是当小双说如果皮皮按照现在的状态持续发展下去的话，很可能会影响他成长时，小吴沉默了。

第二天，小吴做出了一个大胆的决定——向公司申请了长假，而且将所有的假期时间都用来陪伴皮皮。

接着，小吴开始每天接送皮皮上下学，并且每天都会主动承担家务，尤其是在皮皮在家的时候，小吴希望这样可以给皮皮树立一个勇于承担责任的榜样。同时，每逢周末假期，小吴都会带着皮皮去爬山或者是回到农村老家干农活，甚至会在老家的院子里陪孩子玩摔跤、拳击等男孩子喜欢的游戏。

随着小吴与皮皮接触的时间越来越多，两人的关系变得越来越亲密，皮皮胆子变得越来越大，而且他的性格也越来越开朗。

当然，在现实生活中，不是每一位爸爸都能像小吴那样放下工作全身心地陪伴孩子，毕竟孩子的成长不是一蹴而就的，而是一个缓慢的过程。陪伴教育孩子的时间其实更在于精，只要抓住日常生活中每一个与孩子相处的时间，都能起到教育的作用。例如，与孩子一起吃饭的时间，便可以与孩子聊一些话题，或者可以通过这个机会征求一下孩子对于家里的某些事情的意见，激发孩子的主观能动性。

教育孩子向来都是需要父母共同完成的一件事，失去任何一方的教育、陪伴与努力，孩子都无法获得一个良好的成长环境。所以，请每一位父亲都积极地参与到孩子的教育活动中，并牢牢记住人本主义哲学家和精神分析心理学家艾瑞克·弗洛姆曾说过的这句话："父亲是教育孩子、向孩子指出通往世界之路的人。"

8.4 最好的教育离不开家庭和睦

家庭和谐不仅能够让孩子形成更加丰富生动的感性认知，而且也有助于提高孩子实事求是的理性认知；家庭和谐不仅是孩子成长过程中积累经验的试错场，也是孩子培养正确的行为观念和方式的根据地；家庭和谐不仅有利于激励孩子取得进步，而且有利于激发孩子释放更多的潜能，甚至可以让某种能力得到加强与巩固。然而，什么是家庭和谐？其实，在大多数人看来，和谐的家庭不外乎上面内容中讲述过的父母不争吵、不打架、不抱怨、不离婚等。诚然，这些的确是构成和谐家庭的必备因素，但是除了这些因素之外，还有一个非常重要的因素。而且，这个因素一旦处理不好，很难构成和谐家庭。

众所周知，大部分的家庭都是由父母和孩子组成，成员包括爸爸、妈妈、孩子，而爸爸和妈妈又构成了夫妻关系，爸爸妈妈与孩子则构成了亲子关系。如果这两层关系没有处理好，也就很难营造和谐的家庭环境，既不能为孩子带来良好的教育，也不利于孩子的健康成长。

换句话说，在一个和谐的家庭中，夫妻关系应该大于亲子关系。也就是说，爸爸（妈妈）在妈妈（爸爸）心中的地位应该高于孩子，否则，将无法维持家庭的和谐。

这并不是危言耸听。父母往往是一个家庭的基础，如果这个基础不稳定，何谈培养一个品学兼优的孩子？这就好比建一栋大楼却没有打好根基一样，根基不稳的大楼又何谈坚固？

有人曾经做过一个实验：他找来了 30 位妈妈，给每位妈妈发放了 3 个篮子，又给每位妈妈 30 个苹果，同时告诉她们手中的三个篮子分别代表自己、丈夫和孩子，然后请她们将得到的 30 个苹果进行自由分配。

结果显示，只有 5 位妈妈进行了平均分配，即代表自己、丈夫和孩子的每个篮子里都放置了 10 个苹果。剩下的 25 位妈妈则进行了不同程度的分配，但无论分配程度如何，都表现出了同一倾向：自己和丈夫的篮子里的苹果很少，加起来只有三分之一，最多不超过二分之一，而孩子的篮子里的苹果几乎都是最多的。

随后，实验者将 30 位妈妈换成了 30 位爸爸，实验规则不变，但结果却是大同小异，几乎大部分爸爸都将更多的苹果分配给了孩子。

这个实验最终告诉大家，在中国的大部分家庭中，孩子在爸爸或者妈妈心中的地位是高于妈妈或者爸爸的。如果说得更加直接一点，孩子往往是一个家庭的中心。

在现实生活中，孩子作为一个家庭的中心的显著特征就是，父母变成了“孩奴”。具体到言行中的表现是，爸爸或者妈妈的 QQ 头像换成了孩子的照片，爸爸或者妈妈的微信昵称换成了孩子的乳名加自己的身份，爸爸或者妈妈的节假日换成了陪孩子去游乐场或上培训班，爸爸或者妈妈的朋友圈换成了孩子的喜怒哀乐……

可是，当丈夫或者妻子的属性在家庭中被逐渐弱化后，家庭氛围距离和睦也会越来越远，看似将孩子作为重点，实则却让孩子受到了更大的伤害。

在一次妈妈们的聚会上，大家先是寒暄了几句，然后不约而同地将话题的重点转移到了孩子身上。

语速较快的王姐说道："我女儿最近不知怎么了，我越是对她好，她越是不知道感恩，有时还跟我对着干，真是翅膀硬了，想飞了啊！一谈到她的学习成绩，她就会说我只知道看分数，只知道挑全家人的毛病！"

这时，坐在王姐一旁的冯敏接了话茬："王姐，你怎么这么不知足，你家女儿可是我们这些家庭里面最乖巧的孩子，谁还不知道你家女儿从来不让你操心啊！"

其她妈妈听到冯敏的话，纷纷点头表示同意，冯敏这时却摇了摇头继续说道："你们再看看我们家那个小混球，才刚上小学三年级，简直让我头疼死了！昨天还被老师叫到学校了，他居然和其他同学打架！他这么小的年纪就这样，我真是不知道如何是好了。"

一时间，大家开始纷纷发言，话题的重心不外乎自己家的孩子存在各种问题，而且大部分都集中在不听话、做事慢、缺乏爱心、没有责任感等。

这时，只有坐在角落的姗姗没有发言，所以马上引起了大家的注意。当大家将目光齐刷刷地转向姗姗的时候，姗姗也看到了大家的表情。其实，大家都知道姗姗的孩子是最优

①
我女儿最近不知怎么了，我越是对她好，她越是不知道感恩……
②
王姐，你怎么这么不知足，你家女儿可是我们这些家庭里面最乖巧的孩子……
③
④
你们再看看我们家那个小混球，才刚上小学三年级……

秀的，这次聚在一起也是想抛砖引玉，向姗姗“取经”。

于是，姗姗看着大家，笑了笑说道：“其实，我们家孩子也有过叛逆、懒惰、散漫等缺点。我当时总想为什么我的孩子这么多问题，这么难教育，是我哪里做错了吗？

“后来，一位朋友来家里做客，才让我真正意识到自己在教育孩子方面存在的问题。那是两年前的一个下午，我刚接完孩子回到家，一个朋友便敲门来家里做客。于是，我一边招待朋友，一边不忘辅导孩子写作业。因为在我看来，无论发生什么事情，孩子的事情都是最重要的，而且朋友也没有重要的事情。

“过了一会儿，孩子的爸爸下班回来了。可是，他一回到家就问我饭做好了没有，我一下子就发火了，冲着孩子的爸爸就是一通指责‘你没长眼睛吗？没看到我在招待客人，还要辅导孩子写作业！你看我哪只手闲着了，你就不能做一次饭吗？’朋友见我情绪有些激动，找了个理由便离开了。

“朋友离开后，我并没有消气，因为孩子的作业写得一塌糊涂，所以我又把气撒到了孩子的爸爸身上‘你说你每天都干些什么？孩子的事你从来不管，我教孩子你还让我给你做饭！你看孩子的作业做成什么样了？你一回到家就知道打游戏。你知不知道我们家现在的重心是谁？是孩子啊，如果孩子学不好，我们谁也别想好过……’

“我的话还没说完，孩子也开始冲我嚷嚷了：‘妈妈，你不爱爸爸了吗？为什么你总是凶爸爸！我看爸爸平时也经常做家务啊！你的样子让我害怕，我以后再也不喜欢你了……’

“孩子的话就像一把刀一样一下子插进了我的心里，我一下子惊醒了。原来，我和孩子爸爸的关系是否亲密，对孩子也有很大的影响。于是，在接下来的生活中我改变了做法。

“有一次，孩子把爸爸的书给弄破了，孩子的爸爸很着急，我马上开始教育孩子‘你怎么这么不听话，为什么把爸爸的书弄坏了，你怎么可以惹我老公生气？’还有一次，我们一家人吃完晚饭后坐在沙发上看电视，突然孩子的爸爸想吃苹果了，本来他打算自己去拿，我马上制止了他‘老公，你坐着看电视，我去给你洗。’这时，孩子也想吃苹果也让我给他去拿，孩子的爸爸却插嘴了‘你想吃就自己去拿，自己的事情自己做，不要麻烦我老婆。’

“就这样，我和老公都渐渐地将家庭的重心从孩子转移到了彼此身上。当然，这并不是说我们对孩子就不管不顾了，我们通过一些温馨的举动为孩子营造和睦的家庭氛围，并在这个过程中为孩子做教育榜样。久而久之，孩子也慢慢学会了如何爱别人，如何帮助别人，如何承担责任等。”

姗姗讲完，大家不约而同地鼓掌表示赞同。

心理学家诺费奥说过：“父母恩爱是给孩子最好的礼物。因为父母的相处模式，是孩子最开始接触和了解爱情与婚姻的入口。”

诚然，对于孩子来说，最有效的家庭教育就是父母过好自己的生活，同时努力成为自己想象中的样子。当父母之间没有隔阂，家庭氛围充满爱与温暖，那么孩子也将持续拥有爱的能力。正所谓“爱出者爱返，福往者福来”，一个拥有爱的孩子必然不会成为“问题孩子”。